이난희 전문가의 돈 버는 기술
테마주를 알면 30억이 보인다

이난희 전문가의 돈 버는 기술

테마주를 알면 30억이 보인다

이난희 지음

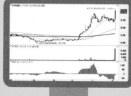

한국경제신문*i*

세력 잡으러
마징가가 간다

테마주란 무엇인가

주식 투자를 하는 투자자들은 아마도 한 번쯤 주식 시장에서 '세력 형님'이 되어보는 것을 꿈꿀 것이다. 나 역시 전문가 활동을 하면서 세력이 되고 싶은 꿈을 꾼 적도 있지만, 어디 쉬운 일인가.

그러나 나와 같은 전문가들이 자신이 세력이 되려고 개인 투자자들을 유치하고, 무리하게 자금을 끌어모으고, 주가를 띄우지만, 결국은 쇠고랑을 차거나 법망을 피하려고 떠돌이 생활을 하는 이들도 보았다.

누구나 상식선에서 생각한다면 주식 시장에서 세력 행세를 할 수 없다는 것을 알면서 세력이 되고자 하는 이유가 뭘까 궁금해진다. 이는 주식 시장에서 그리 오래 머물지 않아도 눈치가 빠른 투자자일수록 금방 알아차릴 수 있다.

시장은 주가를 띄울 수 있는 전지전능한 능력을 가진 자가 세력이기 때문이다. 혹여 시장에서 정석 투자를 한다는 투자자들이 이 글을 본다면 무슨 소리냐고 호통을 칠 수도 있겠지만, 시장에 상장된 모든 종목이 어떤 이유에서든 상승한다면 그건 99%가 아니라 100% '세력의 힘'이라는 것을 알아야 한다.

그러나 시장은 주가가 상승할 때 반드시 명분이 있어야 한다. 주가가 내릴 때는 내리는 명분을 만들고, 오를 때는 상승하는 명분을 만들어 투자자를 납득시켜야 한다. 그래야 일정한 방향으로만 진행되지 않고 상승과 하락의 사이클에 투자자들이 순응하게 되는 것이다.

예를 들어, 세계의 주가는 미국 주식 시장인 다우지수의 영향을 많이 받는다. 요즘은 일본 주식 시장뿐만 아니라 중국 주식 시장의 영향을 더 크게 받는 상황이다. 과거 미국 주식 시장의 큰 악재 중 하나였던 2008년 리먼 브러더스의 파산으로 시작된 금융위기 사태는 전 세계의 주식 시장을 강타했다.

우리 주식 시장도 두말할 것 없이 아수라장이 되었다. 이렇게 세계 경제는 어떤 명분을 가지고 상승과 하락의 등락을 이어간다. 그 역할 역시도 전체를 움직이는 세력이 존재하기 때문에 가능하다. 세력이라는 존재는 악재도 호재로 둔갑시킬 수 있고 호재도 악재로 변질시킬 수 있는 무소불위의 에너지를 가지고 있다.

우리나라 중앙은행은 정부가 주인이지만, 미국의 중앙은행의 주인은 미국 정부가 아니다. 어떻게 보면 전 세계의 경제를 쥐락펴락하게 만드는 것은 유대인인지도 모른다. 미국의 돈줄을 움켜쥐고 있는 유대인들이 2008년의 금융위기를 통해 주식 시장에서 큰돈을 번 세력일 수도 있다는 것이다.

혹자는 주가가 하락하는데 어떻게 돈을 벌 수 있느냐는 반문을 할 수 있다. 우리나라도 1997년 IMF로 인해 주가가 곤두박질을 쳤었다. 주식이 상장폐지가 될지, 다시 살아날지, 불안한 상황일 때 미래에셋대우 박현주 회장은 과감한 베팅을 했고, 그때 수익을 낸 시드머니가 현재 재계 18위와 증권계의 큰손이 되었다. 날카롭게 떨어지는 종목을 바닥에서 긁어모아 미래에셋대우가 만들어진 것을 보면 시장의 환경이 나쁘다고 해서 수익을 만들지 못한다는 것은 정설이 될 수 없다. 이렇게 세력이라는 존재는 테마라는 카테고리로 개인 투자자들을 끌어들이는 그물망을 만드는데, 그것이 바로 테마주다.

나는 이번에 5번째의 책을 쓴다. 투자자가 테마주를 모르고 주식을 해서 빠르게 수익을, 다시 말해 대박을 꿈꾸는 데는 다소 차이가 있다고 생각한다. 따라서 이번 책에서는 시장에서 만들어진 테마주들을 분류해 핵심 종목을 적나라하게 말하고자 한다.

그러나 지난 테마가 지금 시장에서 먹힐 거냐는 반문을 할 수도 있다. 테마는 돌고 도는, 다시 말해 순환매 성격을 가지고 있어서 언제든지 시세의 흐름을 만든다.

테마주는 세력이라는 존재가 만든다. 개인이 미리 시장의 흐름을 읽고 들어가서 "이런저런 테마가 만들어질 것"이라고 추측해 '선취매하는 전략'은 가장 어리석은 투자다. 이렇게 잘못된 판단으로 낭패를 본 투자자를 여럿 보아왔다.

시장에서 세력이 만지는 종목만큼은 '카더라 통신'은 절대 있을 수가 없다. 만약 세력들이 만지는 종목이 노출되었다면 기술적 지표를 망가뜨려 손절매를 하게 하거나, 그렇지 않은 경우는 엄청난 시간과 싸워야 하기에 테마는 만들어지고 나서 들어가도 절대 늦지 않다.

테마 중에는 대장주가 존재한다. 대장주의 기술적 흐름이 이미 시작한 상태에서는 기술적 분석이 어려운 게 아니므로 테마 종목의 여러 가지 유형의 패턴을 익히면 단시간에 수익구조를 형성할 수 있는 좋은 이점이 있다.

이 책에서 다루고자 하는 부분은 같은 테마주라도 어떤 것은 상한가를 가고, 또 다른 종목은 상승 폭이 나오지 않는 것을 경험할 것이다. 다시 말해, 같은 테마 군단에 속하는데 '끼'가(세력 형성) 많아 상한가에 잘 가는 종목을 얘기하고 싶은 것이다.

어떻게 그걸 알 수 있을까? 주식은 살아 있는 생물이다. 각 종목이 사람과 같이 각기 다른 개성을 가지고 있다. 주식 종목의 개성은 세력이 만든다. 20년 넘게 시장의 시간을 보면서 종목의 성향이 큰 변화가 없고, 분명 같은 주인이 존재한다는 것을 알 수 있다.

주식 종목의 주인이 쉽게 바뀌지 않는 것은 세력이 어떤 특정 종목으로 주가를 부풀려서 대박을 만들려고 할 때 그 종목에 대한 사전 답사가 필요할 것이다. 그 종목의 대주주는 어떤지, 주가를 띄웠을 때 매도는 하지 않을 기본적 성향을 지녔는지, 앞으로 주가의 미래 성장성이 있는지, 이런 여러 부분에 대한 조사가 철저히 진행될 것으로 본다. 그리하여 그 종목에 대해 굉장히 잘 알고 있고 다음에도 또 같은 종목을 건드리는 습관이 생겨나기 때문이다.

물론 시간이 많이 지나면 그 세력의 구성원들이 바뀔 수는 있을지 모르지만, 우리가 아버지 DNA를 아들이 물려받는 것처럼, 시장 주가의 움직임이 크게 변하지 않는 것이 바로 그런 '유전자의 유전 같은 것'이라 보면 좀 더 쉽게 이해될 수 있으리라고 본다.

그래서 무엇보다 종목의 성향을 잘 파악해야만 발 빠르게 대응을 할 수 있다. 상대는 '뒤에서 뒤통수를 내리치려는데', 정작 앞만 보고 있다가는 큰코다칠 수 있다. 그 종목의 내면 세계까지 미리 파악해서 볼 줄 알아야 쉽게 대응 전략을 펼칠 수 있다는 것이다.

지금 장은 테마주 아니고는 수익 내기가 굉장히 어렵다. 그러나 개인들은 세력주라고 불리는 종목에 허황된 꿈을 꾸고, 당하기도 한다. 종목의 실체를 몰라서다. 1990년대식 시장이 아니라는 말이다. 이번 책에서는 끼가(세력) 많은 종목들의 실체를 분석하려고 한다. 세력주에 농락당하지 않는 투자자 즉 2020년 시장의 테마주는 곧 세력주라는 등식을 반드시 숙지해서 내가 말하는 30억 원의 고지에 올라서자.

이 책에 기술하는 테마주를 잘 이해해 '단돈 1,000만 원으로 매달 10% 수익을 창출'하면 5년 뒤 계좌에 30억이 불어날 것이다. 안 할 이유가 없지 않은가.

지금부터 정신 바짝 차리고 나와 같이 공부한 후, 투자해보자.

20년 넘게 보아온 시장의 테마 섹터와 종목을 낱낱이 파헤쳐주겠다.

그럼 여러분 모두 건투를 빈다.

바닷가가 보이는 해운대 서재에서

이난희

차 례

프롤로그 … 4

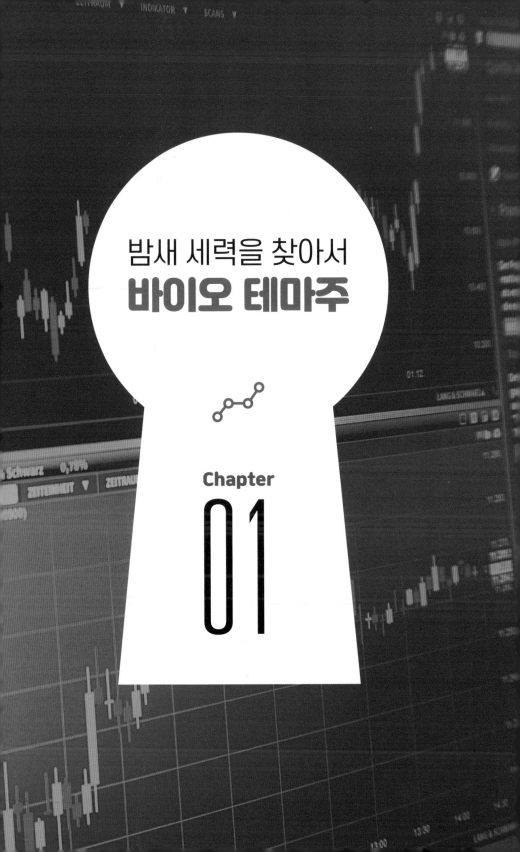

밤새 세력을 찾아서
바이오 테마주

Chapter
01

나는 이 책에서 기업에 관한 부분보다 종목의 성향 위주로 이야기하려고 한다. 기업의 가치나 미래 성장성 같은 내재가치 위주의 분석은 테마주에서는 그렇게 중요하지가 않다. 물론 내재가치가 튼튼하면 금상첨화겠지만, 지금까지 단기간에 500% 또는 1,000% 수익을 만든 종목들을 나열해보면 기업의 가치는 그다지 별 볼 일 없는 종목들이 대부분이었다.

　그것은 당연한 이치다. 내재가치가 있는 종목들을 세력들이 선정할 리 없다는 것이다. 그런 종목들은 기관이나 외인들의 선호 종목이라 매집하기도 까다롭고 설령 매집이 되었다 하더라도 남 좋은 일 시키는 꼴이 될 수가 있기 때문이다.

개인 투자자들의 매매 동향을 보자. 외인이 매수하면 기술적 흐름상 꼭지에 매수하고도 마음 편하게 생각한다. 하지만 아직 시작도 않은 테마주를 기술적 흐름으로 바닥인데 외국인이 매매 동향에 잡히지 않고 작은 물량이라도 매도로 나오면 "걸음아, 나 살려라" 하고 모두 내팽개치는 아주 독특한 매매 습관을 가지고 있다. 그렇기에 테마주 꼭지에 보통 외국인이 등장하는 것은 노랑머리 외국인이 아닌 검은 머리 외국인일 가능성이 크다는 것을 아직도 깨닫지 못했다면 이제는 그 굴레에서 벗어나길 바란다. 개인 투자자들의 심리를 이용하고 있다는 사실은 아무리 초보자라 하더라도 알아두어야 한다. 한마디로 테마주는 외국인이나 기관이 중심이 아닌 '세력'이 그 중심에 있다는 것을 잊지 말자. 이제는 외국인의 매매 동향에 얽매이지 말아야 한다.

가령 2019년 12월처럼 외국인이 삼성전자와 SK하이닉스를 19일 동안 팔아 치우니 거래소 종합지수가 100포인트 빠지는 현상이 나타났다. 이것은 외국인의 영향이라고 단정할 수 있다. 그러나 테마주는 외국인의 매매 동향과 전혀 상관없음을 꼭 숙지하기 바란다.

테마주는 꼭 코스닥 시장에서만 만들어지는 것은 아니지만, 요즘에 와서는 대부분 코스닥 주식 시장에서만 테마가 만들어진다. 그것은 아무래도 코스닥 중소형 종목들이 시가 총액이 낮으므로 지금과 같은 30% 상한가에서 상한가를 여러 번 쳐도 그렇게 크게 영향을 주지 않는다. 주식 시장에서 가장 대표적 종목이 삼성전자인데 2019년 12월 현재 시가 총액이 295조이면 거의 300조에 가깝다. 삼성전자가 상한가를 치면 거래소 종합지수가 하루에 20~30% 상승할 수 있는 흐름이다. 그래서 거래소보다는 코스닥 시장 테마주가 더 활발하게 움직이고, 그중에서 가장 대표적인 것이 바이오 관련 테마주들이다. 코스닥 시장에 상장된 바이오 종목들은 너무나 많다. 거기다 코스닥 시장에 상장된 주식들이 바이오 관련한 자회사를 두고 있는 기업들도 많아서 이래저래 바이오 관련한 종목들이 움직여준다면 족히 200여 개 기업이 들썩거릴 수 있다.

그중, 말도 많고 탈도 많았던 신라젠의 성향을 한번 보도록 하자.
신라젠은 2017년 간암 신약후보물질 펙사벡이라는 기대감으로 주가를 어떻게 만들었는지 주가 차트 월봉을 보면 잘 알 수 있다.

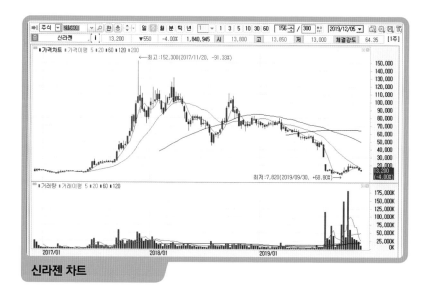

신라젠 차트

앞의 차트는 신라젠의 주봉 차트다. 만 원 전후의 주가를 6개월 만에 15만 원까지 만든 것을 보면 얼마나 대단한가를 여실히 알 수 있다. 그 고점이 2017년 11월이었는데 2년 뒤인 2019년 8월에 다시 처음 가격인 7,000원대까지 꼬라박았다. 이유는 신라젠이 데이터 모니터링 위원회로부터 임상 시험 중단을 권고받은 펙사벡의 임상 3상 조기 종료를 선언하면서다. 15만 원 하던 주가가 반 토막이 나고 다시 5만 원대에서 목숨을 거는 사투를 벌이던 중, 위와 같은 악재를 맞고 한없이 추락하게 되었다. 지금 시장은 상하한가 폭이 30%이므로 신라젠 같은 경우 하한가 3방을 맞으니 5만 원 주가가 12,000원까지 내려갔다. 거기서 더 추가 하락해 9,000원까지 내려앉았다. 지금 시장은 상한가 폭이 크므로 상당히 조심해야 하지만, 역으로 호재인 경우는 30% 상한가를 만들어주니 수익 폭이 생각지 않게 크게 만들어지는 대박도 존재한다.

그런데 내가 여기서 말하고 싶은 것은 신라젠에는 끼가 여전히 숨어 있다는 것이다. 2달 동안 박스권에서 횡보하고 난 뒤 다시 상한가를 만들기 시작해 수급의 힘을 보여주었다. 다음에 일봉 차트를 보면 좀 더 쉽게 이해할 수 있다.

신라젠 일봉 차트를 보자.

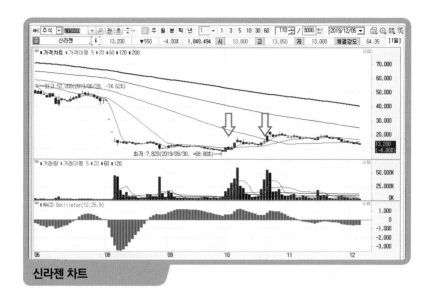

신라젠 차트

위의 화살표가 상한가가 나온 자리다. 결국, 끼가 많은 종목은 저렇게 죽어가면서도 상한가를 만든다는 것이다. 단기 트레이딩을 하는 개인 투자자는 이런 부분을 잘 활용하면 단기적 수익구조를 형성하는 데 많은 도움이 된다.

신라젠보다 더 끼를 발산한 에이치엘비를 보면 '인생 역전이 주식 시장에서 저렇게 만들어지는구나' 하고 느껴질 것이다. 에이치엘비는 에이치엘비생명과학과 같이 짝짓기 매매를 하는 종목이다. 두 종목 다 2019년 10월 시장의 한 역사를 만들었다. 에이치엘비는 2017년 2만 원 하던 주가를 2018년 15만 원까지 만들고 2019년 7월까지 7만 원을 횡보하고 있었다. 그러던 중, 리보세라닙에 대한 임상 3상 결과가 미국시판허가를 신청하기에 부족하다는 임상 실패 소식이 전해지면서 7만 원 하던 주가가 하한가를 2방을 맞고 2만 8,000원까지 내리꽂았다. 이 종목 역시도 2만 원대를 2달 간 횡보하다가 어느 날 4만 원대를 안착하더니 임상 실패라는 말을 뒤엎고, 리보세라닙에 대한 임상 3상이 성공했다고 발표하면서 전세가 역전되었다.

불과 몇 달 전만 하더라도 임상 3상에 대한 실패로 하한가를 2방이나 맞았는데 갑자기 성공으로 돌아서면서 주가는 엄청난 상승을 시작했다. 주식은 이런 것을 보면 정말 알다가도 모르고, 그 어떤 원칙도 있는 것이 아니고, 주가의 세력을 잘 만나야 한다는 것을 먼저 깨달아야 할 것 같다.

더구나 에이치엘비생명과학은 에이치엘비의 자회사다. ESCO 사업을 주 사업으로 하는데 플랜트 공장 개선이나 지역 에너지 공급 시공설계 부분을 주로 하는 기업이고, 바이오 테마주로 타면서 '원님 덕에 나팔을 불게 된' 격이다.

에이치엘비도 2만 원 주가를 21만 원까지 만들고 에이치엘비생명과학도 5,000원 주가를 4만 5,000원까지 만들었다. 단 한 달 만에 주식 시장에서는 이렇게 말도 안 되는 일들이 벌어지고 있기 때문에 개인 투자자들이 주식 시장에서 그렇게 돈을 많이 잃어도 떠나지를 못하고 있다.

이렇게 끼가 많은 종목을 늘 눈여겨보고, 오히려 급락했을 때 더 세심히 살펴봐야 하는 혜안도 필요한 것 같다.

지금 시장에서 끼를 발산하는 종목들은 그 종목을 만지는 선수들이 너무 무섭게 핸들링하는 것을 볼 수 있다. 그것은 시장에 너무 많은 투자자가 눈이 밝아지고 학습을 많이 한 탓이다. 어차피 주식 시장이란 게 제로섬 게임이니 세력의 무소불위를 절대 탓할 수가 없다. 주식 시장을 움직이는 세력들도 수익구조를 형성해야 하기 때문에 어쩔 수 없이 개인 투자자들을 막무가내로 짓밟으려 한다. 그 때문에 여러 편법을 사용하고 있다는 것을 미리 알고 가야 한다는 것이다. 에이치엘비의 무차별적 상승을 에이치엘비의 일봉을 통해서 보고, 이런 유형의 종목들을 다음 코너에서 보도록 하자.

에이치엘비 차트

2019년 10월 14,000원대를 유지하던 강스템바이오가 아토피 치료제 3상 유의성 확보 실패로 날벼락이 떨어졌다. 주가는 하한가를 맞고 바로 반 토막이 난 7,000원대의 가격에 머무르게 되었다. 물론 회사 측에서는 임상 3상 결과에 대해 "상당히 당혹스럽고 실망스럽지만, 소중한 성장통과 경험 자산으로 삼고 결과로 보답하겠다"라는 의지를 보여주었다. 이는 곧 미래의 주가를 말하는지도 모른다.

그 기업의 대표가 하는 말에는 주가를 부양하려는 의지가 담겨있으므로 작은 실마리라도 만들어진다면 그것이 호재로 둔갑해 나중에 세력의 힘을 보여줄지 어떻게 알겠는가 말이다.

강스템바이오의 일봉 차트를 한번 보자.

강스템바이오 차트

위의 강스템바이오 차트를 보면 앞의 에이치엘비를 연상할 수 있다. 주식 시장에서는 늘 새로운 패턴을 만들기에 똑같은 흐름이 만들어지지는 않지만, 유사 패턴은 나올 수 있기에 끼가 있는 종목은 항상 유심히 살펴볼 필요가 있다. 특히 바이오 종목은 언제 돌발 상황이 일어날지 모른다. 임상 관련 뉴스나 기술 수출 관련 뉴스가 언제 터질지 모르기 때문에 뉴스가 아직 재료화되지 않은 것은 관심 창에서 눈을 떼서는 안 된다. 그 끼의 발동은 누구나 다 아는 약속된 시간과 장소가 아닌, 항상 불시에 나타나기에 눈과 귀는 늘 종목과 같이 움직여주는 것이 좋다.

주식 시장 테마들 중에서 가장 핫하고 예측하기 힘든 종목 군이 바로 바이오 관련주다. 코스닥 시장에서 바이오 종목들이 시가 총액의 비중도 많이 차지하고 있어 주식 시장을 움직이는 데 견인차 역할을 하는 것은 두말할 필요가 없다. 주식이 다 그렇듯, 호재가 나오기 전까지 기대 심리로 주가를 끌어 올린다. 그러나 막상 호재가 나오는 그 순간 급락시키는 어처구니없는 일들도 일어나는데, 특히 바이오 관련주들이 너무나 심한 진폭을 가지고 있다.

어떻게 보면 그것도 끼라고 할 수 있다. 가령 알파고가 주식 시장에 들어와 주가를 움직여준다면 주식 시장의 급등락이 존재하지 않을 수도 있다. 정확한 빅데이터에 의해 진행되기에 인간만이 가지고 있는 '끼'라는 광기를 도저히 흉내 낼 수 없기 때문이다. 주식이 알파고로 할 수 없는 것이 바로 끼라는 것을 잊으면 안 된다.

아래 차트 인트로메딕도 2,000원의 주가를 단 한 달 동안 9,000 원까지 만들고 엄청난 호재를 쏟으면서 4일 거래 만에 다시 제자리에 갖다 놓았다.

중국 최대 바이오 클러스터 단지에 캡슐 내시경 생산 공장을 추진 중이라는 아주 긍정적인 메시지와 더불어 캡슐 내시경에 대한 중국식품의약국 승인 및 판매를 위한 신청을 준비 중이라는 것까지 강조했고, 캡슐 내시경의 유럽 인증 진행 절차를 시작했다고도 했다. 그러나 주가는 곤두박질쳤으나 그 끼는 또다시 망령처럼 되살아나지 않을까 싶기도 하다.

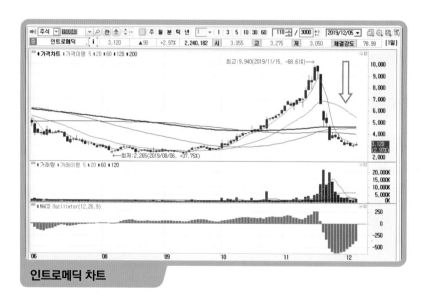

인트로메딕 차트

주식 시장에서 특히 바이오 종목들은 끼의 변화가 카멜레온 같다. 잠자고 있다가 다시 살아나면 처음 위력보다도 더 엄청난 쓰나미 같은 존재로 다시 나타나게 된다. 젬백스는 2008년 1,800원 하던 주가가 5만 원까지 올라가는 기염을 토했고, 다시 잠잠하다가 2019년 10년이라는 시차를 두고 끼가 발동해 살아난 종목이다.

요즘 그 끼의 주체인 세력들은 기술적 흐름의 지표인 차트를 누가 봐도 아름다운 포물선을 만들지 않는다. 지저분할 만큼 차트가 예쁘지 않다. 아무리 못난 차트라도 30% 상한가를 만들어버리면 차트의 인물이 싹 달라진다. 어쩌면 그것도 기술인지도 모른다. 누구나 아름답고 예쁜 모습은 잘 기억하기에 세력들은 그런 그림에 신물이 났는지 정말로 마구잡이로 차트를 만드는 돈의 위력을 보여주고 있다.

2019년 12월 5일 젬백스는 미국 샌디에이고에서 열린 알츠하이머병 임상실험 컨퍼런스에서 개발 중인 후보물질 GV1001의 알츠하이머병 환자에 대한 국내 임상 2상이 성공적인 결과를 냈다는 공시가 나왔다.

그런 공시가 나오기 전, 그동안 기대 심리로 만 원의 주가를 3만 원까지 만들다 보니 피로감에서인지 오전장에 마이너스 27%까지 하락시켰고 다시 만 원의 주가를 3만 원까지 만들고 난 후 18,000원까지 하루 만에 밀었다. 그런데 임상 2상에 대한 얘기가 나오면서 주가는 마이너스 27%에서 플러스 28% 급등을 시켰으니 하루

진폭이 55% 수익이 나오는 것이다. 아마도 2020년에는 이런 흐름의 끼가 있는 종목들이 엄청나게 많이 나올 것이라고 본다. 그래서 지금부터라도 주식 시장의 끼를 연구하고 공부해두어야 한다.

아래 젬백스의 널뛰기한 차트의 모양을 한번 기억해두도록 하자.

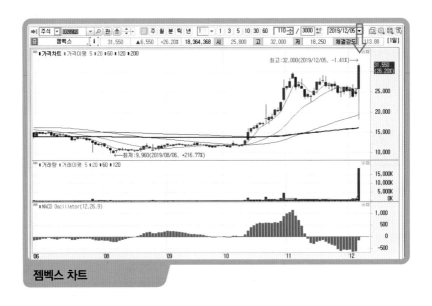

젬벡스 차트

2020년 주식 시장은 테마주들의 반란이 일어날 수 있다. 특히 바이오주들은 2020년에는 많은 임상 결과들이 쏟아져 나올 수 있기 때문이다. 그중에서 가장 많은 파이프라인을 가지고 있는 바이오 종목은 에이비엘바이오다. 2019년 11월 18일에는 글로벌 의약품 위탁개발 생산기업 진스크립트와 2개의 이중항체 공동개발 및 라이선스 파트너십 계약을 체결했다는 내용도 밝히기도 했다.

에이비엘바이오의 기술적 흐름을 먼저 보도록 하자.

에이비엘바이오 차트

에이비엘바이오는 2018년 12월 19일 주식 시장에 상장해 12,000
원 주가를 37,000원 고점 형성 후 17,000원에서 2만 원의 박스권을
5개월째 횡보 중이다.

기술적으로 볼 때 박스권 지지라인이 길수록 파동이 진행된다면
높은 산을 만들 수 있다. 만약 차트가 파동이 나오는 진행형의 상
태라면은 당연히 지지선은 짧아야 한다.

결국, 에이비엘바이오는 아직 파동이 나오지 않은 상태이므로
박스권 하단부에서 지지라인이 길면 길수록 높은 산을 만들 것이
라는 기대심리를 부풀리기에 딱 좋은 조건이다.

2000년 코스닥 시장의 '묻지마' 장세가 온 이후 20년 동안 한 번도 코스닥 시장에 불꽃을 피우지 못했다. 그러나 코스닥 시장의 활황장세가 온다고 해서 모든 종목이 다 움직이는 것은 아니라는 것을 명심해야 한다. 지금은 상한가 제한 폭이 30%이므로 1박 2일 또는 2박 3일 짧게 단기간에 50%에서 100% 수익구조를 만들 수 있는 시장이니 빠른 순환매 테마가 될 수 있다는 것도 염두에 두어야 한다.

바이오 종목들은 그 끼가 쉽게 죽지 않는다. 파동이 나오고 나도 한참 있다가 다시 파동을 만드는 경우가 허다하다. 2019년에 재료와 함께 움직였던 필룩스의 경우를 한번 보자.

필룩스는 조명 전문 기업인데 바이오 산업 확대에 나서면서 주가가 재미있게 움직이기 시작했다. 필룩스가 새로 진출한 사업은 항암 치료제 분야다. 글로벌 선도 업체를 인수하고 파이프라인 강화에 나섰다.

대장암에서 전이되는 암을 예방하는 세계 최초 백신과 치료제를 개발하는 바이럴진의 지분인수와 암 덩어리인 고형암을 치료하는 원천기술과 세계 판권을 보유한 리마니투스도 인수했다. 그러면서 주가는 3,000원대에서 2달 만에 만 원대까지 중간중간 상한가를 만들면서 아름다운 포물선을 그렸다.

기술적으로 보면 역배열에서 정배열을 가기 위한 전 단계의 모습으로 2019년 12월의 필룩스는 어떤 방향을 잡을 것인지에 대한 고민을 하는 모습인데 결국에 상승할 때의 힘의 에너지가 상상을 초월했던 수급들이 움직였던 것을 보면 지금 조용히 기술적 조정을 보고 있는 것이 2보 전진을 위한 1보 후퇴 같은 모양새다.

　여기서 끼를 강조하는 것은 끼는 살아 있어 주가를 움직일 수 있다는 것을 말하기에 100번을 강조해도 지나치지가 않다. 그 끼는 언제든 다시 살아나 전 고점을 돌파하는 기염을 토할 수 있기 때문에 다시 살아나는 그 시점을 항상 눈여겨보아야 한다. 끼가 있는 종목이 살아나는 그 시점은 바로 상한가를 치면서 시작한다는 것을 명심해야 한다. 그럼 필룩스는 언제 다시 살아날 수 있는지 차트를 보고 고민해보자.

필룩스 차트

이 책에서 나는 주식 시장에 상장된 2,000개가 넘는 여러 기업 중에서 그 기업이 끼가 있는 것이 아니라 종목이 끼가 있는 것을 말하는 것이다. 결국에는 그 기업의 주가를 대주주 혼자서 관리한다는 것은 너무나 터무니없는 발상이다. 주가는 세력이 이끌면 개인 투자자가 '불나방'처럼 따라가서 주가가 움직이는데, 결국 끼가 많은 것은 세력이 개입된 여러 부분을 얘기하는 것이다. 모든 주가가 세력이 존재하지만, 특히 더 활발하게 움직이는 주가들을 말하는 것으로 이해하고 종목들을 봐주면 좋겠다. 물론 다소 차이는 있을 수 있겠지만, 끼만큼은 주식 시장의 역사를 바꾸지는 못했다. 아래 차트를 보면서 그 끼를 한번 보자.

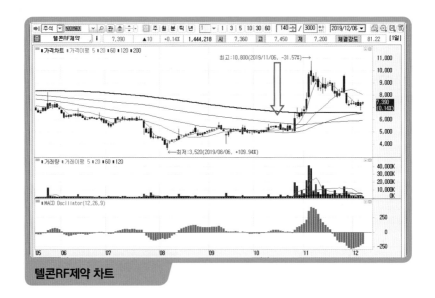

텔콘RF제약 차트

앞의 종목은 비보존 관련해서 대표적으로 끼가 많은 종목 중 하나인 텔콘RF제약이다. 2019년 11월 5,000원대 주가를 단숨에 만원인 더블을 만들었다. 재료는 바이오주의 특성인 임상 기대감이었다.

모든 바이오 종목은 임상 기대감이 있다. 그렇다고 다 올라가는 건 아니다. 텔콘RF제약은 기대감은 있지만, 결과가 없는데 주가가 저렇게 만들었다는 것은 끼가 있다는 것이다. 2017년 10월에도 5,000원 주가를 한 달 만에 19,000원까지 만들었던 과거의 끼의 흐름이 그대로 재현되었다고 보면 된다. 바이오 종목들은 항암 관련이든 비보존이든 간에 종목들이 그룹을 형성했을 때가 더 강하게 움직일 수 있다. 텔콘RF제약을 좀 더 눈여겨보아야 하는 것은 비보존 비마약성 진통제인 오피란제린에 대한 임상 결과, 기대감에 같이 움직인 '끼 돌이' 종목이 있었다는 것이다.

이 종목 역시도 텔콘RF제약보다 끼가 더 넘치면 넘쳤지, 절대 호락호락하지 않은 종목이다. 바로 에스텍파마다. 먼저 차트를 보고 텔콘RF제약과 에스텍파마의 향후의 그려질 그림을 연상해보자.

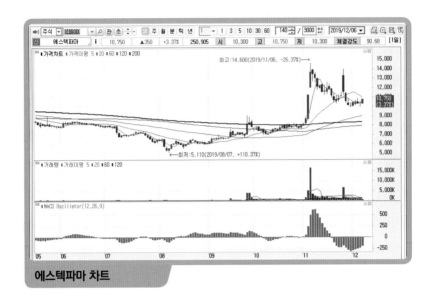

에스텍파마 차트

위의 에스텍파마의 차트를 보면 7,000원 주가를 3일 만에 14,000원 만들었다는 것이 주식 시장에서 중요한 흐름이다. 3일 만에 주가를 100% 띄운다는 것이 얼마나 많은 에너지가 들어가야 하는지는 주식을 해본 사람은 알 것이다. 그때의 호가창은 무서울 만큼 빠르게 움직이고 물량을 잡아가는 호가의 빠른 손놀림을 보면 세력들의 의지를 충분히 읽을 수 있다.

세력들은 주가를 띄우면 5일선을 훼손시키지 않는 범위에서 그동안 띄운 주가를 개인들에게 팔아 치우는데, 단기간에 띄울 수 있는 것이 상한가이다.

결국, 상한가라는 것은 주가를 띄워 팔아먹기 위한 전략이라고 보면 된다. 그런데 개인들은 무지막지하게 달려든다. 5일선이 깨지고 나도 개인들은 고점에 물린 주가를 단가를 낮추기 위해 지속적인 물타기 전략이 들어가는데 또 한 번 팔 기회를 주니 나쁘다고만 할 수 없다.

그래서 상한가를 치는 종목들은 매매하는 방법이 그리 어렵지 않다. 세력이 존재하기에 그들도 요리조리 눈치보면서 개인들이 달려드는 차트를 그리며 마지막까지 팔아먹으려고 중간중간 띄워주는 센스는 가지고 있다.

발 빠른 개인 투자자들은 그것을 잘 이용하면 굳이 상한가를 따라가지 않아도 5일선이 깨지고 어느 라인에서 지지를 하면 또 한 번의 급등을 노려보는 전략도 필요하다.

2019년 12월 초, 거래소 시장에서 외국인의 무서운 매도가 19일째 진행되었다. 금액은 대략 7조가 넘었다. 물론 코스닥 시장도 매도가 나왔지만, 거래소 시장과 비교하면 그리 큰 금액은 아니었다. 그런데 2019년 12월 6일 외국인들이 그동안의 매도를 멈추었고, 거래소 시장은 대략 400억 정도 매수하고, 코스닥 시장은 2,000억이 넘게 매수했다. 이것은 지나고 보아야 알 수 있겠지만 2000년 이후 20년 만에 '코스닥의 열풍이 불어오는 신호탄이 아닐까?'라고 생각한다.

역사는 항상 반복된다. 그동안 침체된 코스닥 시장에 불을 당겨주면서 경제를 살리기 위한 하나의 방편을 모색하는 것은 아닐까.

내수 경기를 살리는 데는 부동산도 한몫할 수 있지만, 주식 시장은 부동산보다 더 빠르게 확산될 수 있다.

그것은 환금성 때문이다. 부동산은 당장 팔려고 해도 조건이 맞아야 하지만 주식은 언제든지 현금화할 수 있기에 수익이 나면 얼른 팔아서 기분 좋게 쓸 수가 있다. 대박이 나면 아내에게 명품 가방도 사줄 수 있고, 자녀에게는 넉넉한 용돈도 줄 수 있고, 부모님께도 그동안 못한 효도도 할 수 있고, 더 나아가서는 불우한 이웃도 도와주는 미덕이 자리 잡을 수 있다. 이것이 바로 내수 경기를 살리는 지름길이 될 수 있기 때문이다.

코스닥 시장에서 2,000억 원이라는 것은 거래소 시장과 비교해 보면 엄청난 규모다. 거래소 시장과 코스닥 시장은 시총이 10배 정도 차이가 나는 것을 고려하면 2019년 12월 6일 외국인이 코스닥 시장에서 2,000억 원 매수는 거래소 시장이었다면 2조를 매수한 것과 같은 금액이다. 그렇다면 그들은 그동안 거래소 종목들을 팔아서 코스닥 시장으로 옮기려는 조짐이 보인다는 것이다. 그것이 바이오에서 나왔고 젬백스의 상한가였다.

젬백스 차트를 보자. 오랫동안 주식 투자를 해온 사람들은 어떻게 저런 모양에서 상한가가 나올 수 있느냐 반문할 수 있다. 이제는 차트를 보는 때는 이미 지났다. 상한가 제도가 30%가 되고 나서부터는 호가창의 수급을 이해할 수 있어야지, 아직도 철 지난 차트 쪼가리를 들고 이러네 저러네 하다가는 절대 저런 젬백스 같은

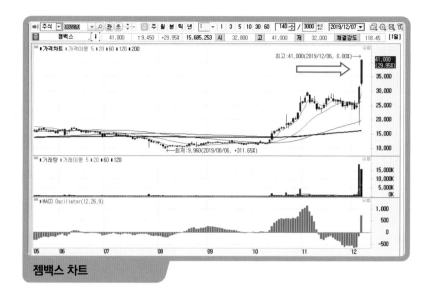

젬백스 차트

대박주는 꿈도 꾸지 못한다는 것을 먼저 깨달아야 한다.

치매 관련주를 통해 코스닥 시장의 광풍은 바이오주에서 시작됐다는 것을 알 수 있다. 2019년 12월 6일 치매 관련주들이 대거 상한가를 만들었다. 젬백스를 필두로 해서 젬백스지오, 일진홀딩스, 수젠텍 등 그날 상한가 친 종목들이 모두 치매 관련주였다는 것은 의미가 있다. 그동안은 표적 항암, 항암 관련주들이 시세를 만들었는데 왜 이번에는 치매 관련주인가? 그것은 정부 정책이라고 보면 된다. 이렇게 주식은 정부 정책이 무엇인가에 귀를 쫑긋할 필요가 있다. 바이오주들은 대부분 기대심리로 오르는 것이기 때문에 젬백스보다 훨씬 더 좋은 치매 관련 기업은 왜 가지 않느냐고 시장에 따진다면 그것처럼 어리석은 일은 없다.

그래서 내가 여기서 강조하는 것은 '끼'다. 세력의 손을 타야만 가능하다는 것이다. 바이오 산업은 100년 산업인데 어떻게 하루 아침에 임상 결과가 나오고 그것이 바로 기술 수출로 이어지겠는가 말이다. 그러나 세력이 마음먹고 스토리를 짜면 그렇게 되는 것이기에 절대 혼자서 분석하지 말고 시장을 따라가라는 충고를 해주고 싶다.

신라젠을 한번 보라. 실체가 희미함에도 감독이 각본을 잘 짜니 지금도 신라젠에 대한 환상을 벗어나지 못하는 투자자도 있을 거라고 본다. 그렇게 부풀려서 세력이 주가를 만드는 그 종목으로 슬그머니 들어가서 내가 취할 수익만 만드는 투자자가 가장 현명한 투자자이다. 절대 꿈을 꾸면 안 된다는 것을 명심하기를 바란다. 상한가를 친 종목들 차트를 구경해보자.

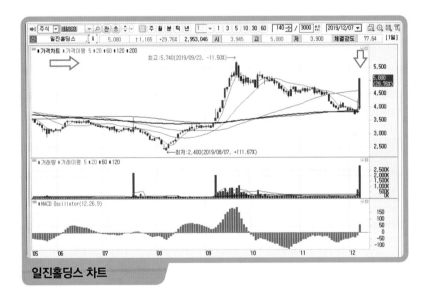

일진홀딩스 차트

다음은 치매 관련주 젬백스지오이다.

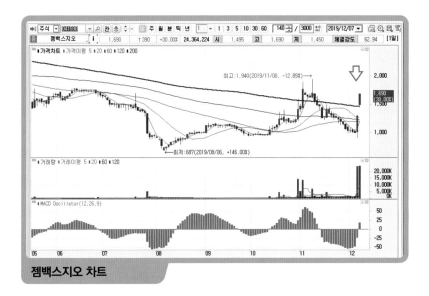

젬백스지오 차트

치매 관련주 수젠텍이다.

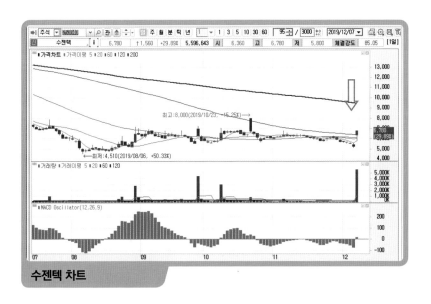

수젠텍 차트

치매 관련주들은 확산이 될 수 있으므로 좀 더 관련 차트를 보도록 하자.

2020년 바이오주들이 움직일 때 끼가 있는 종목들은 언제든지 그 끼를 발휘할 수 있다. 이 책에서 말하는 끼가 있는 종목들은 관심 종목에 올려두자. 차트가 옆으로 횡보하고 있을 때는 유심히 살펴보고 반드시 거래량이 터지고 긴 장대 양봉을 뿜을 때 매수에 들어가는 것이 좋다. 거기다 재료가 같이 부각될 때는 연속성이 나올 수 있으므로 단기성인지 연속성이 있는지도 볼 줄 알아야 한다.

치매 관련주 중에서 고려제약 차트도 보면 상한가를 만들고 지지라인을 형성하고 있다. 일단 상한가를 만든 종목은 끼가 있다고 보면 된다.

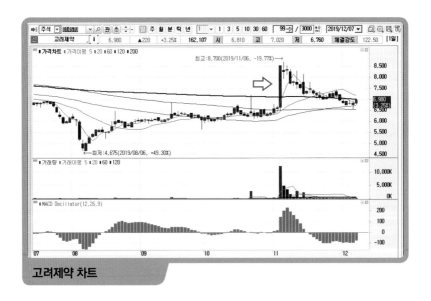

고려제약 차트

명문제약은 주봉 차트를 보면 더 쉽게 끼가 이해된다.

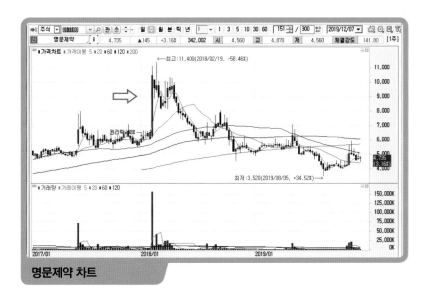

명문제약 차트

치매 관련주 중에서 빼놓을 수 없는 끼를 가진 네이처셀은 2018
년 이미 파동을 만들었다. 하지만 지금도 화산 폭발처럼 언제 터질
지 모르는 위력을 가지고 있다. 2018년 차트와 2019년 차트를 비
교해보면 더 쉽게 이해할 수 있다.

네이처셀은 5,000원 주가를 6개월 만에 6만 원까지 끌어 올렸다.
그 이후 다시 5,000원까지 밀었던 주가를 한 달 만에 12,000원까
지 끌어 올렸다. 아마도 주식 투자자들이 주식 시장에서 그렇게 많
이 돈을 잃어가면서도 끝까지 미련을 버리지 못하는 것은 이런 현
상들이 시장에서 허다하게 나타나기 때문이다. 그들은 끝까지 30

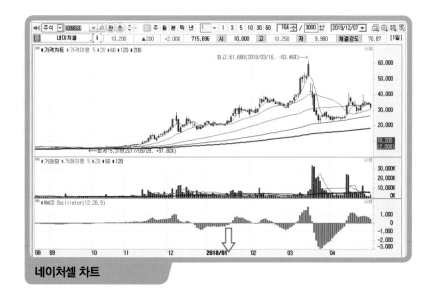

네이처셀 차트

억을 고집하면서 그 운을 기다리고 있는지도 모른다.

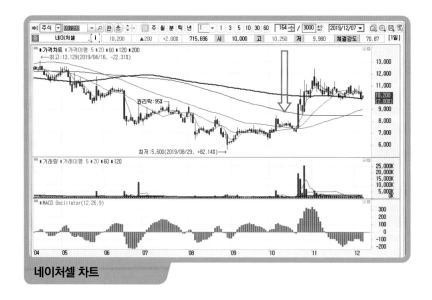

네이처셀 차트

씨트리도 치매 관련주로 그 끼를 한껏 뽐내었다. 2019년 8월부터 단 3개월 만에 2,000원 주가를 7,000원까지 만들었다. 그리고 무엇보다 회사에서 주가를 부양하고자 하는 노력을 곳곳에서 보여주고 있다. 천연물 신약 개발 벤처기업 메디포럼이 씨트리의 최대 주주로 등극했다는 것은 씨트리가 개발 중인 치매 치료제에 대한 임상 성공에 집중하겠다는 의지로 보아도 된다.

지금까지 인간이 암과의 사투를 벌여왔다. 이제 암도 극복의 단계에 들어섰으나 치매는 아직 인간이 뛰어넘어야 할 과제다. 의학계에서는 이 부분에 대해 좀 더 깊은 연구를 필요로 하기 때문에 치매 치료제에 대한 임상 성공스토리가 나온다면 바로 돈방석이 될 수 있는 것은 말할 것도 없지만, 인간의 한계를 뛰어넘는 획기적 사안이 될 수 있다.

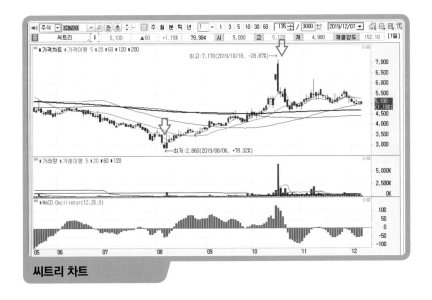

씨트리 차트

그 외에도 치매 관련해서 메디프론, 메디포스트, 유유제약, 환인제약, 에이프로젠제약, 아이큐어 등 많이 있다. 그리고 이들 종목도 끼가 없는 것은 아니기에 눈여겨봐야 한다. 바이오 종목들은 확산이 되면 너도나도 우후죽순으로 치고 나온다. 그 때문에 정작 관련성이 없다 하더라도 터무니없는 재료를 가지고도 관련성이 있는 것처럼 꾸밀 수 있다. 단발성 재료에 의해 움직이는 종목들은 1박 2일에서 2박 3일 움직이면서도 수익률은 높게 나올 수 있다는 점도 알고 있어야 한다. 보통 단발성 재료에 의해 움직일 때는 하루 30% 상한가를 만들고, 다음 날 적어도 20% 가까운 상승을 보일 때가 많고, 더러는 2연 상까지 가는 흐름이 나온다. 그래서 장중 공시나 빠른 호가창의 움직임이 나올 때는 항상 예의 주시하면서 지켜보는 전략이 필요하다.

호가창의 움직임을 볼 때 주의해야 할 부분은 단주로 한 주, 한 주 1, 1, 1 이렇게 호가 창에서 빠르게 움직이는 것을 적어도 한두 번 본 적이 있을 것이다. 또는 숫자 10을 여러 번 찍어대는 것 등 다양하게 보아왔을 거다. 이런 부분들은 개인 투자자를 불러들여 물량을 정리하기 위한 호객 행위로 보면 된다. 물량을 개인들에게 떠넘기기 위해 빠르게 움직여주면 수급이 존재하는 것처럼 보이는 착시 현상을 갖게 하고, 그러면 틱의 움직임이 빠르게 나타나 개인 투자자들이 보는 보조지표에 걸려들게 된다. 그러면 초보자들은 무엇인가 해서 호가를 높여서 물량을 잡아주는 현상이 발생하게 된다. 이 글을 보는 순간 절대 호가를 높여 물량을 잡아주는 어리석은 행동을 하면 안 된다.

　치매 관련주로 삼성제약을 빼놓을 수 없다. 이는 거래소 종목인데도 불구하고 코스닥 종목인 것으로 착각할 정도로 호가창의 움직임의 강도가 상당히 세다. 2019년 8월 1,600원 하던 주가가 2달 만에 6,000원 가까이 끌어들인 것이 수급이 붙어 있음으로 해서 바이오주들이 상승할 때마다 같이 움직여줄 수 있는 흐름을 갖추게 되었다. 보통 거래소 중·소형주들은 움직임이 코스닥 시장의 중·소형주 종목들보다 흐름이 둔화되어 있다. 아무리 수급이 좋다고 해도 코스닥 종목을 따라올 수가 없다. 그것은 아마도 거래소 시장의 특성이 급등과 급락을 선호하지 않는 흐름이기 때문이다.

　그러나 삼성제약의 흐름을 보면 코스닥 종목인 것 같은 착시 현상을 불러온다. 삼성 제약이 가지고 있는 내재가치가 세력들에게 호감이 간 것은 아닌가 하는 생각도 들고, 어차피 같은 치매 관련주 대장인 젬백스의 흐름을 더 강하게 하기 위해서는 뒤에서 받쳐줄 수 있는 후발주가 필요했기 때문인지도 모른다. 이렇게 주가를 움직이는 데는 특히나 테마주들은 반드시 대장주는 부대장주, 다시 말해 '똘마니들'을 많이 거느리고 있을수록 주가는 고공 행진을 한다는 것도 알고 있어야 한다. '끼돌이'가 된 삼성제약의 차트를 한번 보고 다음에 펼쳐질 포물선을 그려보기로 하자.

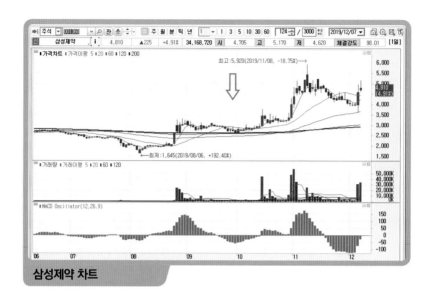

삼성제약 차트

현대 사회는 여러 질병들이 새롭게 생겨나고 있다. 또한 과거에 비해 경쟁이 치열해 온전한 정신을 가지고 살기는 매우 힘든 환경이다. 특히 주식 투자를 하는 개인 투자자들은 주식으로 인한 스트레스가 아마도 극에 달해 있지 않나 생각한다. 수익을 잘 내는 투자자도 그 순간순간이 고통의 시간인데 투자 금액의 손실이 50%를 넘어가거나 더러 신용 미수를 사용해 시장이 폭락해서 계좌가 '깡통'이 되는 경험을 한 투자자들은 죽음까지도 생각한다.

자본주의 사회에서 돈이라는 굴레를 벗어날 수가 없고 그 테두리 안에서 성공 여부를 따지는 세상이 되다 보니 머리가 돌지 않는다.

그러다 보니 점점 더 뇌질환 환자들이 많이 늘어나고 있다. 조현병이 바로 그 주범이다. 조현병 치료제를 만드는 기업이 CMG 제약이다. 내용 자체가 언제든지 활용할 수 있는 재료이기에 주식 시장이 심심할 때마다 등장하니 관심을 두는 것도 좋다. 차트를 보면 기본 점상을 만드는 것은 식은 죽 먹기인 종목이다.

그리고 알벤다졸 관련주로서 움직임을 보여주기도 했다. 알벤다졸 관련주 중에서는 진바이오텍, 알리코제약, 제일바이오 등이 있는데 이 중에선 제일바이오의 수급이 강하게 나왔다.

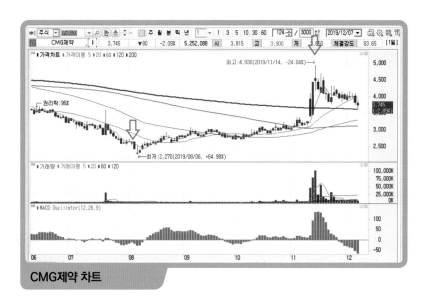

CMG제약 차트

테마주가 강해지려면 짝짓기 매매가 중요하다. 앞서 얘기한 구충제 관련주 제일바이오, 진바이오텍, 알리코제약 차트를 보면 여기서 대장주는 제일바이오인데 대장주에 힘을 실어준 것을 차트를 통해 알 수 있다. 대장주는 항상 더 높이 더 멀리 간다는 것이다.

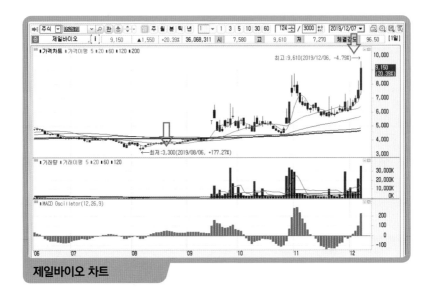

제일바이오 차트

후발주자 알리코제약을 보면 상승한 파동 길이의 차이를 느낄
수 있다.

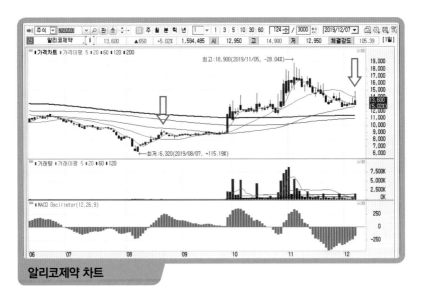

알리코제약 차트

이난희 전문가의 돈 버는 기술 테마주를 알면 30억이 보인다

바이오주들이 시세를 강하게 내기 위해서는 무엇보다 그룹이 형성되어야 한다. 예를 들면 SK바이오랜드, SK케미칼, SK디스커버리 대장은 약간씩 바뀔 수 있으나 같이 움직여야 더한 시세를 낼수 있다. 또 녹십자, 녹십자랩셀, 녹십자엠에스, 그리고 JW중외제약, JW홀딩스, JW신약 등의 이런 그룹들은 에이치엘비, 에이치엘비 생명과학이 서로서로 힘을 실어주면서 같이 움직인 것을 보면잘 알 수 있다. 어떤 때는 일신바이오가 움직이면 씨티씨바이오, 엘앤씨바이오, 인트론바이오, 엑세스바이오, 레고캠바이오, 티앤알바이오 등 크게 영향이 없는데도 바이오가 붙었다고 같이 움직이는 경우도 가끔 나온다. 테마를 짜다 억지로 만드는 경우도 더러있다. 또 하나, 큐로컴, 큐로홀딩스, 그리고 종근당도 종근당이 움직이면 종근당홀딩스, 종근당바이오가 같이 움직이는 경우도 있다. 관심 종목에 같은 그룹으로 정리해두면 종목들이 움직일 때 쉽게 찾을 수 있다.

바이오 관련주 중에서 지금은 시세를 크게 주지는 않지만, 가끔나오는 줄기세포 관련주들도 있다. 대표적인 종목이 홈캐스트, 파미셀, 마크로젠, 메디포스트, 바이넥스 등인데 예전에는 한 시세를했으나 지금은 파미셀, 홈캐스트 정도 가끔 움직이는 모습을 보여주고 있다.

헬스케어 관련주들도 시장에서 바이오 종목들이 움직일 때 그끼가 강한 종목은 덩달아 상한가를 칠 때가 있으므로 알아두는 것이 좋다. 나노엔텍, 랩지노믹스, 테라젠이텍스, 디엔에이링크, 셀루메드 외에도 여러 종목이 있으나 끼의 순서에 따라 압축했다.

바이오 종목들은 테마를 만들기 나름인 것이, 여러 질병에 대한 임상들을 같이 진행하는 경우가 많아서 여기저기 발 담글 수 있다. 테마가 형성되면 자회사를 끼고 있거나 사돈의 8촌만 되어도 덩달아 끼려고 하는 경우가 많으므로 굳이 진위를 따질 필요는 없고, 시장에서 말하는 대로 따라가는 것이 가장 바람직한 전략이다.

종목의 분석은 세력들에게 맡겨두자. 종목을 분석하는 데 시간 낭비하지 말고 오로지 호가 창을 통해서 세력들이 들어오는가를 잘 관찰하는 것이 30억 원을 만드는 지름길이라는 것을 알아야 한다.

흔히 투자자들은 기업을 분석하고, 그 기업을 외우는 등 고시 공부처럼 열을 올리는데 그것은 애널리스트가 하는 일이다. 기업분석해가며 똑똑한 척하는 투자자 치고 돈 버는 사람 못 봤다. 물론 그 기업의 내용을 알고 있으면 투자 시 조금은 유용하겠지만, 종목의 끼를 먼저 이해하게 되면 기업의 내용은 자연스럽게 알게 되니 그 원리를 먼저 깨우치기를 바란다.

세력 때려잡는 비법
대선 테마주

Chapter
02

주식 시장은 "움직이는 원동력은 정치다"라고 하면 과연 믿을까 하는 생각이 든다. 아니면 "정치와 경제는 불가분의 관계다"라고 하면 좀 더 이해하기가 쉬울까. 주식이나 정치나 비슷한 공통점을 가지고 있다. 둘 다 돈을 많이 가진 자가 이기고, 정보력이 빠른 사람이 이기고, '훼이크'를 잘 쓰는 사람이 이긴다.

　대선주는 5년마다 한 번씩 주식 시장에 찾아오는 규칙성을 가지고 있는 행사 상품이다. 그런데 그때마다 조금씩 차이점이 있었다. 2007년 때는 대선주가 당선 가능성이 있는 대권 주자와 관련성이 있는 종목들이 움직였다면, 2012년 대선주들의 움직임은 2007년도와 차이가 있었다. 여권 대선주자보다 야권 성향의 대권 주자들의 종목이 더 활발하게 움직여주었다.

그렇다면 앞으로 있을 2022년 5월 대선주들은 어떻게 움직일 것인가인데 이른 감은 있었으나, 이미 2018년 12월부터 움직이기 시작했다. 대선주들은 자신이 좋아하는 대권 주자와 관련성이 있는 종목을 선정하면 안 된다. "역시 주식 시장에서 이 종목이 대권주자 대장이야!"라고 말하는 종목을 따라가야 하고 대선주들은 대권 주자와 학연, 지연, 혈연 어느 것 하나라도 연관성이 있으면 대권 주자와 관련된 대선주로 선정되는 것이다.

어떨 때는 정말 어처구니없이 만드는 경우도 있었다. 대권 주자와의 동생 후배와 관련되어 움직인 종목도 있었고, 얼굴도 생판 모르는데 같은 하늘 아래에서 숨을 쉬고 있다는 것만으로도 관련성을 가질 수도 있으니 '대선주는 말 그대로 주식 시장에서 야바위'라고 보아도 지나치지 않다.

그러므로 항상 냉정히 봐야 하고 행여 조그만 악재라도 발생할 시에는 하한가 한 방은 각오해야 한다. 장기 보유는 정신 건강에 해롭다. 대선주들이 시세를 내기 위해 수급들이 몰려올 때 짧게 치고 빠지고를 하는 트레이딩을 해야 한다.

주식이라는 것은 꿈을 꾸는 순간, 모든 것이 한순간 물거품이 될 수 있다. 특히 이런 끼를 가진 종목은 끼를 부릴 때 매수해 들어가야지, 잠시 옆눈질하거나 순간의 선택을 게을리했을 때는 나락의 길로 떨어진다는 것을 명심하고 눈에 보일 때만 매매해야 한다는 것을 알고 있어야 한다.

주식 시장에 상장된 종목들의 흐름은 각기 다른데 다시 말해 끼의 흐름이 다 다른데, 특히나 내재가치가 부실한 불량 식품 같은 테마주는 얼굴에 눈을 하나 더 달고 있어야 한다. 그만큼 주가가 '지랄 용천'을 하므로 상승을 해서 움직일 때는 반드시 일분봉 파동을 지켜보면서 긴장의 끈을 놓으면 안 된다. 또 하나 숙지해야 하는 것은 상승 파동이 이어질 때 마무리 상한가 파동을 연출하지 않을 때는 오후장의 시간을 잘 지켜야 한다. 만약 종가를 마무리할 시간이 가까워질수록 상한가 안착을 못 할 때는 30% 가까이 상승해도 20%까지 빼버릴 수 있는 상황들이 연출될 수 있으므로 화장실 가는 것도 미루어야 한다.

대선주는 본인이 대권에 출마하겠다는 의지 없이 만들어진다. 그래서 늘 대선주자로 거론되는 여론 주자는 리스트에 올라간다. 때문에 관심창에 올려두고 예상 후보에 대한 흐름을 체크할 필요가 있다.

이낙연 국무총리 관련주들을 먼저 보자. 여론 조사에서 1위를 차지하는 만큼 시장에서 종목들도 너무나 많다. 처음에 나온 종목이 남선 알미늄이었고 좀 더 관심을 받으면서 이월드, 부국철강, 남화산업, 남화토건, 티케이케미칼, SDN, 우원개발 등 핵심만 올려보았다. 그 외도 더 많겠지만, 이 정도로 압축해서 보면 될 듯하다. 여기서 두 종목 차트를 보도록 하자.

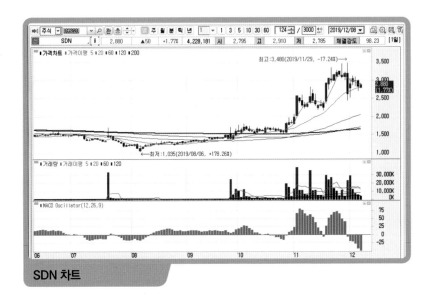

SDN 차트

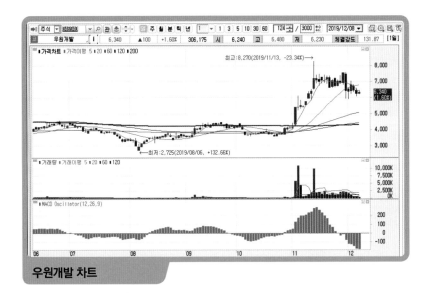

우원개발 차트

이난희 전문가의 돈 버는 기술 테마주를 알면 30억이 보인다

다음은 황교안 관련주다. 한창제지, 티비씨, 아세아텍, 국일신동, 인터엠, 성문전자, 우진플라임, 솔고바이오, 한국맥널티 한송네오텍, EG, 뉴인텍 등등 너무 많다. 그런데 여기서 더 엮으려면 더 엮는다는 것을 EG를 통해서 보아도 알 수 있다. 아무래도 지금은 야권이지만, 전 정부에서 여권 성향으로 움직이다 보니 박근혜 대통령의 흔적까지도 만든 것 같은 느낌을 받는다.

그런데 아직 대선주들이 간간이 틈새 전략으로 나오는데 야권 대선주들보다는 여권 성향의 대선주들이 더 활발하게 잘 움직인다는 것을 알 수 있다. 지난 정권에서 주식 시장의 대선주들이 움직인 모습과는 큰 차이가 있다. 가령 야권 대권 주자들이 물망에 오르게 되면 그냥 싹을 뚝 잘라버리는 것 같은 인상을 받는다.

물론 대선테마가 형성된 마당에 이런 사건들이 벌어져서 투자자는 힘들 것이다. 어찌 됐든 맥을 끊는다는 것은 차후에 세력들이 또 다른 재료를 부각시켜 움직여주는 능력이 탁월하기에 세력들은 손실이 나지 않으리라고 본다.

그러나 개인 투자자들은 계좌에 상당한 데미지를 가져올 수 있기 때문에 귀를 세우고 악재가 나오지 않는지를 유심히 살펴야 한다. 하지만 악재는 예고가 없으니 진짜 주식은 '운빨'이 좋아야 함을 다시 한번 강조하고 싶다.

그래서 지금은 운칠기삼이 아니라 운이 90%이고 기술이 고작 10%밖에 안 된다는 바뀐 트랜드를 알아야 한다.

황교안 관련주는 한창제지 한 종목 차트를 올려본다.

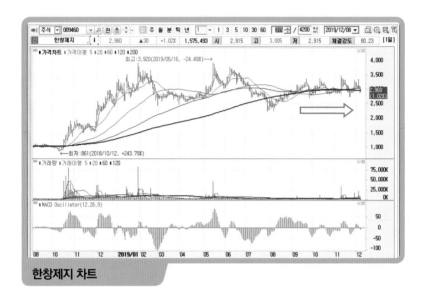

한창제지 차트

앞에서 말한 부분을 좀 더 얘기해보자. 지금 시장은 원하는 대권 주자가 아니면 한 방에 날려버린다. 홍정욱 관련주가 그랬다. 물론 자녀의 마약 관련 부분이 크게 작용했는데, 그 시기에 뜨려고 하는 순간 하한가로 밀어버리니 그 종목들을 다시 어떤 재료를 만들어 살아나려고 하는 모습을 보여주고 있다.

나중에 야권 주자들이 빈약한 흐름이 나오면 홍정욱 카드를 또 사용할 수도 있기 때문이다. 홍정욱 관련주들이 오히려 황교안 관련주보다 더 탄탄하게 만들어졌다는 것을 차트를 통해 알 수 있다. 홍정욱 관련주들은 KNN이 대표적이었다. 가장 가까운 인맥인 누나가 공동 운영하는 회사였기 때문이다. 그 외 디지털 조선이 처가 쪽과 연관성이 있고, 한국프렌지도 처가 쪽과 연관성이 있으며 한국내화도 그렇고, 동양물산도 그렇다. 링네트, 한일네트웍스, 태영건설은 학연 관계지만, 튼튼한 인맥을 구축하고 있는 것은 사실이었다. 그렇다 보니 종목들이 상당히 탄력적이었는데 자녀의 악재로 밀리기는 했지만, 시장이 받아주는 어느 날은 또 다른 공룡이 되어 나타날 수 있으므로 대주가 움직일 때 늘 흐름을 체크해 보아야 한다.

홍정욱 관련주들이 모두 차트가 망가진 것은 아니지만, 그중에서 KNN은 하한가를 맞고 충격에서 벗어나려는 모습을 보여주고 있다. 다른 종목들은 200일선이 무너져 있는 것도 있으나 지금 판단하는 것은 성급하다. 지금 시장은 30% 상한가를 만들기 때문에 흐름만 타게 되면 한순간의 변화가 온다는 것도 알아야 한다. 관련주 중 KNN 차트만 보고 가자.

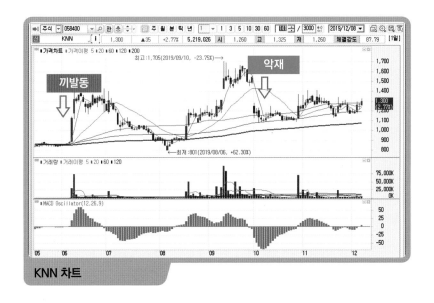

KNN 차트

　유시민도 역시 여권 관련 테마주가 있다. 하지만 대선에 출마할
의사가 없다는 말들을 여러 채널 통해서 한다. 시장은 여전히 그
말을 그대로 받아들이지 않고 있다. 어떻게 보면 유시민 대선주들
이 제일 먼저 움직였다. 보해양조를 필두로 해서 와이비엠넷, 풍강,
흥국, 포비스티앤씨 등인데 가끔 우리들 휴브레인과 우리들제약도
유시민 관련주로 등장하는 것은 아무래도 고 노무현 대통령 재단
이사장을 맡고 있다 보니 연관성을 갖는 것 같다. 어떨 때는 SG충
방, SG세계물산 과거 안희정 테마주들도 유시민 관련주에 합류하
는 것을 볼 수 있는데, 이것이 주식 시장에서 미스터리한 부분이
다. 테마가 강할 때는 여기저기 관련성이 조금이라도 있다면 막 끌
어들이는 습성을 가지고 있다. 지금은 조국 관련주들이 사장된 듯
하지만, 대선주들이 날개를 달 때는 조국 관련주인 화천기계, 삼보

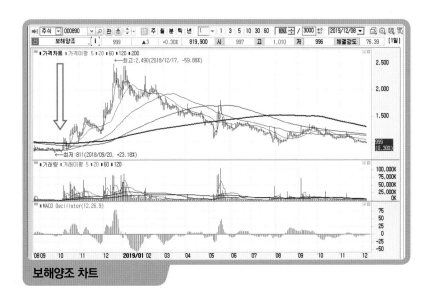

보해양조 차트

산업 등이 어떤 대선주자에게 슬그머니 달라붙을지 모르기 때문에 관심 창에서 같이 보는 것도 나쁘지 않다.

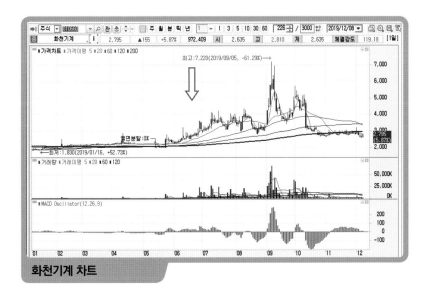

화천기계 차트

이재명 관련주는 여러 차례 시장에서 움직인 종목들이다. 참고로 알고 있으면 도움이 된다. 대표적인 종목이 에이텍, 에이텍티엔, 오리엔트정공, 지엘팜텍, 정다운, 포메탈 등 여러 종목이 있으나 에이텍 차트를 보면 쉽게 이해된다.

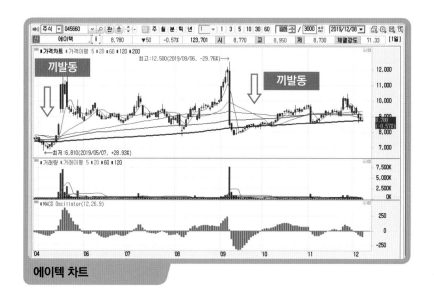

에이텍 차트

박원순 관련주들도 한 번씩 나오는 데 대표적인 게 모헨즈다. 간단하게 보고 가자.

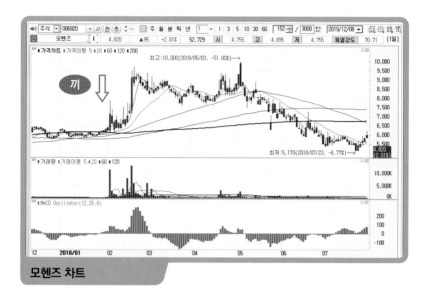

모헨즈 차트

안철수 관련주는 이미 안철수와 관련성이 없는데도 안철수 관련주가 움직이면 써니전자가 뜬다. 그리고 안랩, 링네트, 다믈멀티미디어, 오픈베이스 등인데 2020년에는 또다시 어떻게 등장할지 궁금해진다.

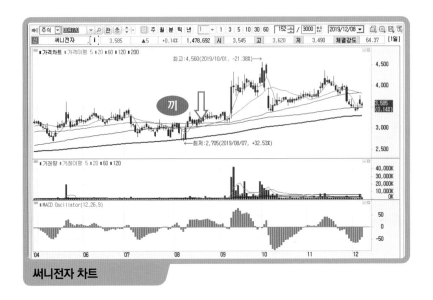

써니전자 차트

김경수 관련주는 최대 변수이다. 주식이나 정치나 한 치 앞을 볼
수 없기 때문에 글로스퍼랩스의 향후 흐름에 기대해본다.

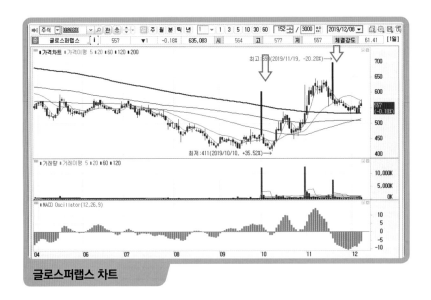

글로스퍼랩스 차트

대선주들이 형성되면 그 대선주자가 내세우는 정책주들이 움직인다. 아직 대권 주자가 정해지지 않다 보니 지난 정책들이 돌고 돈다. 세종시 관련주인 유라테크와 프럼파스트가 흐름을 타고 있고, 신공항 관련주 세우글로벌, 동방선기 등이 잘 움직인다.

이낙연 국무총리 정책 관련주로 해저터널 관련한 KT서브마린과 다스코 등도 움직임을 보여주고 있다. 여기서 KT서브마린의 차트를 한번 보고 가자.

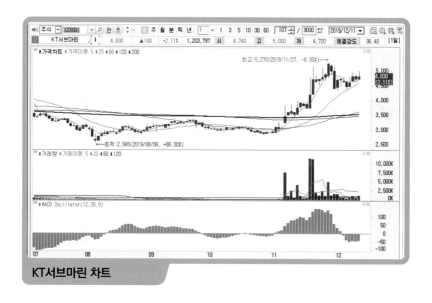

KT서브마린 차트

대선주 중에서 국가혁명당 허경영 총재가 새롭게 부상하고 있다. 다른 정당에서는 2019년 아직 대권 주자를 내세우지 않았지만, 국가혁명당은 2019년 8월 창당하면서 바로 허경영 총재를 대통령 후보로 결정했다.

허경영 총재는 스스로가 신임을 자처하며 앞으로 우리나라는 신정정치를 뿌리내려야 한다고 주장한다. 국왕이 존재하는 즉, 황제가 있는 국가가 되어야 우리나라가 세계 통일을 할 수 있다는 큰 포부를 말하고 있다.

허경영 총재의 33공약은 이미 처음 30년 전 15대 대통령 출마할 때 내세운 공약이다. 그 당시는 황당한 공약이라고 했다. 하지만 지금 그 공약이 딱 맞아 떨어지고 있으니 정말 신인가, 아니면 통찰력인가 하는 생각이 든다. 만약 국가혁명당이 2020년 4월 총선에서 광풍이 분다면 허경영 총재의 공약을 미리 관심 가져보는 것도 나쁘지 않을 것 같다. 주식 시장에서는 항상 먹을거리를 찾고 있다. 그 때문에 새롭고 신선한 것들이 나온다면 하이에나처럼 먹잇감을 물어뜯기 위해 달려들지 않을까 싶다.

허경영 대권주자의 여러 공약 중에서 현재 나와 있는 공약들과 맞물리는 부분이 있는데, DMZ세계평화공원 로드맵이다. 이는 허경경 대권주자가 대통령이 되면 유엔본부를 판문점으로 이전시키겠다는 공약과 뜻을 같이한다. 그렇다면 비무장지대 평화공원 조성 관련해서 앞에서 언급한 바가 있는데, 그중에서 삼릉물산을 한 번 더 꼽아본다.

두 번째가 저출산 관련해서 강한 공약을 내놓았다. 결혼하면 1억을 주고 집 대출도 2억을 국가가 해주고 아기를 낳으면 3,000

만 원을 준다는 공약이다. 언뜻 들으면 실현 가능성이 없어 보이지만, 국가의 재정을 낭비하지 않으면 충분한 가능성과 설득력이 있어 보인다. 그리고 그와 관련한 종목은 아가방컴퍼니, 보령메디앙스, 제로투세븐 등이나 더 확산하면 삼익악기와 오로라 등도 합류할 수 있다.

세 번째는 새만금 관련주다. 새만금 다시 말해 금융 허브를 만들겠다는 의지를 펼쳤다. 새만금은 만 개의 은행을 유치하겠다는 공약이다. 새만금 관련주는 이미 나와 있다. 디젠스, 모헨즈, 페이퍼코리아 등이다.

네 번째는 우리나라는 1,700조의 돈을 찍어내었으나 정적 돌아다니는 돈은 10%로도 안 된다. 당연히 음지에 숨어 있는 돈들이 많다는 말이다. 그 규모는 대략 1,200조 정도 된다. 이런 돈들을 개혁하겠다는 의지에서 화폐개혁을 공약으로 내놓았는데 이는 새로운 정부가 들어설 때마다 한 번씩 부각된 부분이 있어 언젠가는 가능성이 있어 보인다. 관련주로는 청호컴넷, 한네트, 케이씨디, 푸른기술, 한국전자금융, 프리엠스 등이다.

다섯 번째는 4차 산업에 대한 육성 정책이다. 향후 우리의 먹을거리 산업은 4차 산업밖에 없다는 부분을 강조하는 것을 보면, 4차 산업 관련한 테마는 주식 시장에서 너무 많으므로 굉장한 바람을 불러일으킬 수 있다. 4차산업은 전기차, 수소차, 자율주행, 로봇 관련, IT산업, 3D프린팅 등 갖다 붙이면 다 되는 것이므로 앞에서 언급된 종목들을 보면 된다.

여섯 번째는 일과 삶의 균형이다. 주 3일 근무를 시행하며 정규직보다는 비정규직을 현재보다 70% 늘려, 일하고 싶을 때 일하고 그동안 시간에 얽매인 현대인들의 삶의 질을 높여주려고 하는 공약이다. 아무래도 여유로워지고 여가가 많아지면 여행이라는 힐링처를 찾게 된다. 그럼 여행 관련주들도 움직일 수 있다. 참좋은여행, 파라다이스, 호텔신라, 강원랜드, 모두투어, 하나투어가 여행 테마다. 여기서 신라호텔은 거래소 대형주인데도 불구하고 끼를 가지고 있으므로 넣어두었다.

마지막으로 투자자들에게 기쁜 소식은 국가가 국민에게 매달 국민배당금 150만 원을 지급하겠다는 것이다. 그로 인해 여유 자금이 생겨 자연스럽게 주식 시장으로 유도하겠다는 공약을 두고 있다. 주식 시장으로 자금이 흘러들어 오면 주가가 상승하면서 기업과 개인 투자자들이 그동안 시장에서 힘들었던 부분을 만회할 좋은 기회를 만들어주겠다는 공약들이다.

앞으로 주식 시장에서 허경영 대권주자의 테마주들이 어떻게 움직이는지 관찰해보자.

세력, 너희가 수급을 알아?!
대북·방산 테마주

Chapter

03

주식 시장에서는 서로 시소를 타는 종목군들이 있다. 예를 들면 남북 관계가 좋아지고 해빙무드로 가면 남북 관련 테마주들, 다시 말해 개성 공단이나 금강산 개발이나 철도 관련주들이 움직인다. 더 확산이 되면 식량 관련 비료주, 비무장지대 평화공원 관련주들이 움직인다. 그럼 반대로 무기를 생산하는 방산주들은 하락하게 된다.

이렇게 테마주들도 한쪽이 상승하면 한쪽이 하락하는데 항상 관심창에 올려두고 비교 논리로 보아야 한다. 예를 들어, 갑자기 방산주들이 급등할 때는 우리의 지정학적인 위치에 무슨 문제가 발생했을 수 있다. 북한에서 미사일 발사 실험을 했다든지 긴박한 상황이 있을 때 일어나는 게 시장의 현상이다.

그런데 문재인 정부가 들어서면서 방산주들의 움직임이 다른 방향으로 가고 있다. 북한이 핵실험을 하거나 미사일을 동해 쪽으로 발사해도 그다지 반응이 없고 오히려 시장이 폭락할 때 방산주들이 움직임을 보여주는 특징을 가지고 있다. 이렇게 주식은 패션이다.

특히 대북주들은 다른 테마에 비해서 재료에 의해 움직임을 보여주는 형태를 갖고 있다. 모든 테마주가 재료에 의해서 움직이지만 대북주들은 재료의 부각이 더 중요하다. 재료 없이는 절대로 움직일 수 없다는 것이다. 기술적인 흐름으로 설명할 수 없는 것이 대북주다.

아무리 차트가 망가져 있어도 대북주에 호재 뉴스가 뜨게 되면 점상한가로 갈 수 있는 흐름이 나오는 것이 대북 관련주다. 때문에 대북주는 정부의 정책 의지를 살피는 것이 우선이지, 기술적 흐름을 보고 판단하는 것은 섣부른 테마주의 매매 방법이 된다.

아마도 개인 투자자들이 가장 많이 보유하는 주식이 코스닥 시장에서 대북주일 텐데 지금은 '벙어리 냉가슴 앓듯' 하고 있을 것이다. 그러나 테마주들이 급등락의 변수로 기피하는 개인 투자자로 인해 단점이 많은 듯하지만, 테마주는 반드시 시차를 두고 급등하는 원리를 가지고 있다. 시간과 여유가 있다면 지금은 고통스러울 수 있으나 한 번은 기회를 준다는 것이 테마주를 포기할 수 없는 부분이다.

가령 정부가 좀 더 확실하고 근거 있게 대북 정책을 펼칠 수 있는 환경들이 만들어지고, 북한의 세계정세에서 '김정은 비핵화'와 '개방 경제 체제의 변화'가 온다면 시장에서 대북주들은 점상한가 랠리가 진행될 수도 있을 것이다.

'갈라진 남북이 하나가 되기 위해 화해하고, 교류하고, 민족을 말살할 수 있는 핵폭탄이 없어진다는 대전제에 서로 노력한다면 언젠가는 통일이 되지 않을까?'라고 생각해보면서, 미래에 투자해둘 종목은 대북주가 될 수도 있다는 가정을 한번 해본다.

대북 테마주 중에서 개성공단 관련주는 좋은사람들, 신원, 인디에프, 재영솔루텍 등을 들 수 있다. 이들 종목은 대부분 의류 관련 사업을 하고 있다. 아무래도 인건비가 싸기 때문에 선택된 것 같다.
대표적으로 좋은사람들과 신원의 차트를 보도록 하자. 지금은 기술적 흐름이 그다지 의미가 없지만, 이런 모습을 갖출 때 한 번 봐두는 것도 나쁘지 않을 것 같다. 좋은사람들은 월봉, 신원은 주봉 차트를 보도록 하자.

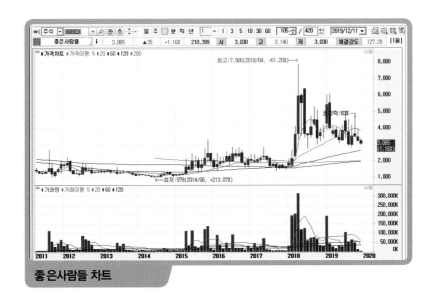

좋은사람들 차트

신원 차트

이난희 전문가의 돈 버는 기술 테마주를 알면 30억이 보인다

다음은 대북주 테마 중에서 금강산 관련주들을 살펴보자. 여기는 현대그룹이 먼저 발을 담갔지만, 지금은 큰 성과를 거두지 못하고 대략 5조 정도 투자를 한 것으로 볼 때 기업이 떠안은 데미지는 클 것으로 보인다.

현대상선이 대표적이고 그 외는 관련성으로 금강산 관련주로 꼽을 수 있는데 현대엘리베이트, 대명코퍼레이션, 일신석재, 한창, 롯데관광개발이다. 특히 아난티는 2019년 초에 짐로저스의 투자 바람으로 대단한 상승을 이끌었다. 역시 주식 시장은 본격적 사업을 시작하기 전 '치맛바람이 불 때'가 주가는 어마어마하게 상승한다. 아난티도 짐로저스가 북한에 한 "자신의 전 재산을 투자한다가 아니라, 하고 싶다"라는 말 한마디에 주가가 얼마나 뛰었는지 다음 차트를 보면 깜짝 놀랄 것이다.

그 당시 주가를 핸들링했던 세력들의 손놀림을 보면 거래량과 호가창의 호가 움직임이 가히 예술적으로 움직였다. 한 호가의 물량을 기본 5억 이상씩 받쳐두고 매도 물량 역시도 그 이상의 가격으로 누르고 있어도 물량을 잡아서 쳐올릴 때는 전율이 날 정도의 광경이 펼쳐졌다. 2020년 주식 시장도 2019년 아난티가 움직인 모습처럼 그런 멋진 수급의 호가창이 몰려오리라 본다.

2019년 1월의 아난티의 모습을 보자. 지난 차트지만 그때의 숨막혔던 순간을 느낄 수 있을 것 같다.

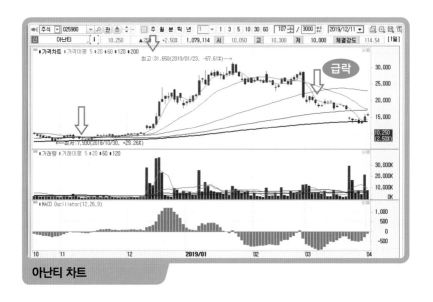

아난티 차트

　남북이 중심이 되어 유라시아의 출발점이 될 수 있는 철도 산업은 말 그대로 꿈과 같은 일들이다. 만약 그렇게 된다면 관광 수입이 늘어나면서 또 하나의 시너지를 가져다줄 수 있는 엄청난 국책 사업이 되는 것이다. 그러다 보니 역시 현대라는 기업이 앞장을 선다. 현대로템, 대아티아이, 대호에이엘, 푸른기술, 에코마스터, 도화엔지니어링, 유신, 부산산업, 서암기계공업 등이 관련주다. 아무래도 철도 산업을 위해서는 건설도 같이 가야 하니 남화토건, 남화산업, 고려산업, 남광토건도 철도주가 갈 때 같이 움직여주었다. 철도주가 강하게 움직일 때 전력도 필요하니 제룡전기, 제룡산업, 광명전기, 선도전기도 같이 따라가는 사례들도 있으니 같은 관심창에 올려두고 흐름을 보는 것도 좋은 방법이다. 푸른기술 주봉의 차트와 제룡전기 주봉의 차트를 기억해두자.

푸른기술 차트

제룡전기 차트

남북이 화해 분위기로 가면 제일 먼저 비무장지대를 평화공원으로 만들겠다는 의지가 강하게 정부 정책으로 펼쳐졌다. 환경생태 복원, 조경산업에 관련한 기업인 자연과 환경, 누리플랜, 토목 공사를 주로 하는 기업인 코리아에스이, 유진로봇, 오르비텍, 퍼스텍 같은 기업은 비무장지대의 무기 관련 또는 지뢰 제거에 필요한 군사 로봇 관련 기업이다. 거기다 삼륭물산이나 코아스, 딜리도 빼놓을 수 없다.

이렇게 주식 시장에서는 그와 연관 지어 종목을 찾으려면 수도 없이 많이 찾을 수 있다. 항상 움직인 종목들이 잘 움직이므로 너무 복잡하게 매매하기보다는 항상 압축하는 습관을 길러야 한다. 오르비텍과 삼륭물산의 주봉 차트를 보자.

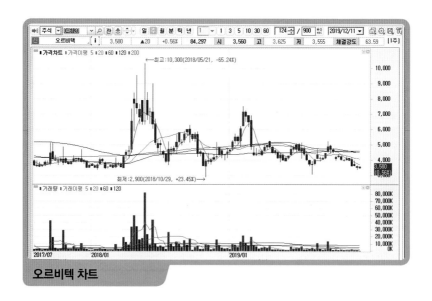

오르비텍 차트

삼룡물산 차트

테마주가 다 그렇듯이 시세를 몰아서 강하게 움직일 때는 너도 나도 그 테마가 되려고 한다. 대북주도 비료 관련 테마주가 만들어지고 북한의 조림 산업까지 테마가 만들어졌을 때는 '불타는 대북주'로 엄청나게 강하게 움직였다는 것을 알 수 있다.

비료 관련 대북 테마주는 조비, 아시아종묘, 효성오앤비, 남해화학, 대유, 농우바이오, 이지바이오이다. 그중에서도 조비의 움직임이 잘 나왔다. 조비의 주봉 차트를 보자.

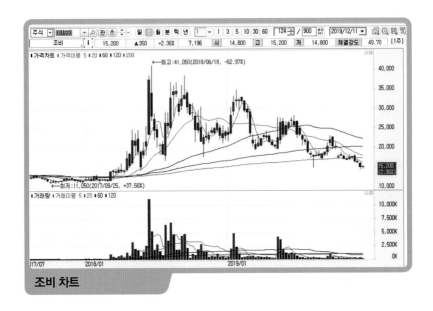

조비 차트

대북주의 반대편에 있는 방산주도 간단히 짚고 넘어가보자. 방산주는 대표적인 것이 빅텍, 스페코, 퍼스텍, 한일단조인데 근자에 와서는 퍼스텍은 방산주로 합류하려 하지 않고 대북주의 평화공원 쪽으로 붙으려는 움직임이 나왔다. 아무래도 2019년 정부는 대북주에 호의적이고 방산주에 대해 약간은 배타적 성향을 가지고 있다 보니 세력들이 테마의 지각 변동을 일으키는 것 같다.

그러다 보니 한일단조가 퍼스텍의 자리까지 꿰찼다. 이렇게 테마주들은 때로는 시장의 시대 흐름의 변화에 따라 이름표를 바꾸어달 수도 있다. 이런 부분은 주식 시장이 결정하는 것이므로 시장에서 김 씨를 이 씨라고 하면 그것이 김 씨라 하더라도 이 씨로 봐야 한다. 그래서 흔히 시장에 재료가 부각되었을 때 그것이 호재인지 악재인지는 갑론을박이 필요한 것이 아니라 시장에 물어

보라는 말이 있다.

다시 말해서, 아무리 좋은 호재라도 시장이 받아들이지 않으면 그것은 나오지 못한 재료보다 못 하고, 모두가 다 악재성 재료라 해도 시장에서 그것을 악재로 받아들이지 않으면 그것은 악재가 되지 않는 것이다. 결국, 호재도 악재도 시장이 결정한다는 것은 세력 마음이라는 것을 알고 있어야 한다.

방산주 빅텍, 스페코의 '끼'의 모습인 일봉 차트를 보도록 하자.

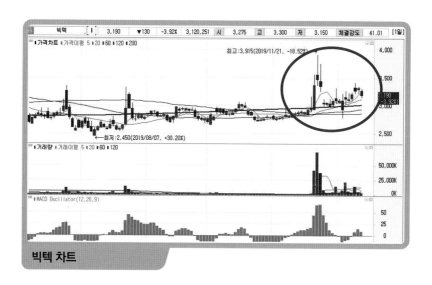

빅텍 차트

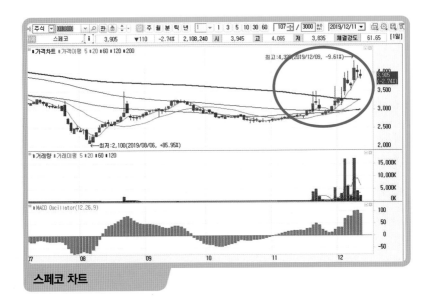

스페코 차트

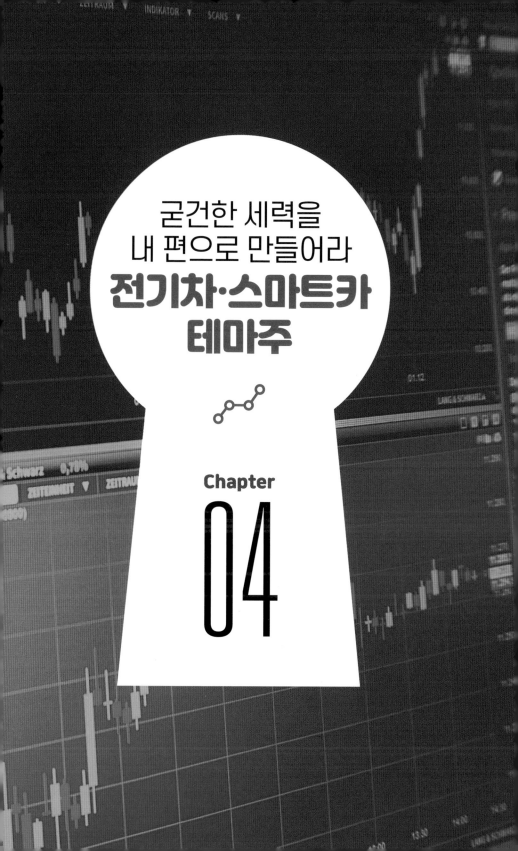

굳건한 세력을
내 편으로 만들어라
전기차·스마트카 테마주

Chapter

04

전기차, 수소차 관련주 역시 새로운 정부가 들어서고 좀 더 강하게 밀어붙인 정책주들이다. 과거 2000년 '묻지마' 시장에서는 기업의 대표가 청와대에서 대통령과 만찬 식사라도 초대받으면 상한가를 친 것처럼, 수소차 역시 대통령이 한 번 타고 전기차 관련한 기업을 방문하면 상한가를 치는 모습을 보여주었다.

전기차 관련주는 상당히 많다. 전기차는 배터리가 생명이다. 2차전지에 포커스를 맞추고 종목들을 선별해야 한다. 특히 수급이 잘 형성되는 쪽으로 보아야 한다. 전기차 배터리 쪽은 아무래도 삼성 SDI와 LG화학을 빼놓을 수 없지만, 이 주식들은 기관과 외국인이 좋아하는 대형주이니 매매를 하는 종목은 아니다.

여기서는 매매 위주의 종목들을 나열해보도록 하겠다.

삼화콘덴서, 삼화전기는 형제처럼 같이 움직임이 잘 나오고, 후성은 불화수소 관련해서 솔브레인 동진쎄미켐과 같이 어울려 움직임이 나온다는 것도 알고 있어야 한다. 테마는 그룹으로 움직일 때 더 강하다. 만약 그렇게 같이 움직일 때는 분명 흐름이 조금 더 길어진다는 사실도 잊으면 안 된다. 일진머티리얼즈, 명성티앤에스, 엔에스, 피엔티, 삼진엘엔디, 엘엔에프, 피엔이솔루션, 코스모화학, 상아프론테크, 현대모비스, 우리산업, 에코프로, 뉴인텍 등이며, 한때 흐름이 나오고 조정폭이 깊으나 언제든 이슈가 나올 수 있는 종목들이다. 2019년 12월에는 코스모화학과 코스모 신소재가 바람을 타고 있으니 코스모화학의 차트를 보도록 하자. 흐름은 상한가로 시작한다고 했는데 코스모화학이 상한가를 치고 나왔다.

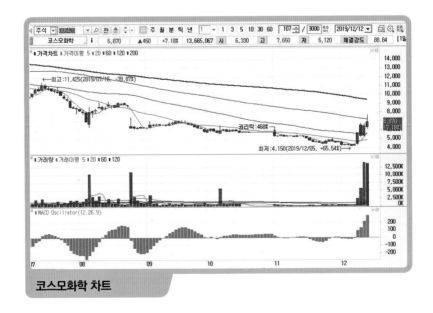

코스모화학 차트

다음은 수소차 관련주들을 알아보도록 하자. 수소차는 화석연료인 자동차를 대체하는 차세대 교통수단으로 주목을 받는데, 수소연료를 사용해서 움직이는 자동차다. 이것은 환경문제와도 밀접한 연관이 있고 정부 정책으로 강하게 밀고 있어서 전기차와 함께 정부 지원도 많이 받고 있다.

정부는 2022년까지 수소차 1만 6,000대를 보급하기로 하고 2019년까지 수소버스 보조금 신설, 운송 사업용 수소버스 취득세 50% 감면 등 제도 개선을 추진했다. 그 뿐만 아니라 2022년까지 수소차 보조금 유지, 스택부품 완전 국산화와 수소차 부품 연구개발에도 1,250억 원을 지원하는 등 수소차 관련 사업을 적극적으로 지원하는 것을 알 수 있게 해주는 대목이다.

대표적인 종목으로 일진다이아, 삼보모터스, 유니크, 뉴로스, 성창오토텍, 지엠비코리아, 인지컨트롤스, 에코바이오, 성문전자, 코웰패션, 동아화성, 한온시스템, 전기차에도 들어가고 수소차에도 들어가는 우리산업, 세종공업, 이엠코리아 등 많은 기업이 포함된다.

여기서 완성품을 만드는 현대차, 현대모비스가 더 빛을 발하는 수소차 관련주이기는 하나 역시 현대차는 매매 종목이 아닌 투자 종목이므로 수소차 테마가 움직인다고 해서 크게 상승하거나 상한가를 치는 일은 절대 찾아볼 수 없다.

투자자들은 수소차 관련한 빠른 수익을 원하면서 현대차를 추천하고 매매하는 경우가 있는데, 이는 바람직한 매매 방법은 아니다. 매매 종목은 대형주 위주가 아닌 가벼운 중·소형주 위주로 해야 한다는 것은 기본 상식으로 알고 있어야 한다.

수소차 테마가 돌 때 가장 잘 수급이 형성되고 수익 폭이 크게 나오는 일진다이아의 주봉을 보고 다음의 움직임을 관찰해보자.

일진다이아 차트

수소차에 이어 스마트카도 핫한 이슈다.

지금은 빅체인지 시대다. 사람들은 더 나은 삶을 욕망한다. 걸어 다니던 시대에서 자동차를 타는 여기까지 왔으나 이제는 단순한 이동 수단이 아닌 모든 단말이 연결되는 IT 플랫폼으로 진화하는 것을 원한다. 운전자가 핸들도, 가속 페달도, 브레이크 페달도 제어하지 않아도 도로의 상황을 파악해 자동으로 주행하는 자동차이다. 그것이 바로 자율주행차인 스마트카이며 4차 산업혁명 일부분이다.

자율주행차의 글로벌 시장규모는 연평균 41% 성장해 2035년에는 1조 1,204억 달러로 완전자율주행차의 시장점유율이 급격한 성장할 것으로 예상한다고 MOT 컨설턴트가 전망했다. 이어 맥킨지도 2020년까지 스마트가 시장 성장 전망을 했다. 전 세계에서 생산되는 자동차 4대 중 3대가 스마트카가 될 거라는 분석이다.

현대차는 전 세계 완성차 업체와 자율주행 택시 사업자가 공동으로 적용할 수 있는 플랫폼 소프트웨어를 개발하고 이를 상용화한다는 목표로 자율주행 기술 회사인 미국의 앱티브와 합작 법인설립 계약을 체결했다. 투자금은 2조 3,800억 원이다.

자율주행 관련주로는 엠씨넥스, 에이테크솔루션, 코리아에프티, 모바일어플라이언스, 유니트론텍, THE MIDONG, 모트렉스, 인포뱅크, 유비벨룩스, 팅크웨어, 세코닉스, 유니퀘스트, 세종공업, 켐트로닉스, 브리지텍, 픽셀플러스, 에이스테크, 텔레칩스, 캠시스, 파인디지털, 알파칩스, 만도 등 여러 기업이 포함된다. 지금은 기술적 흐름을 논하기에는 다소 무너진 차트들이지만, 시장이 순환매를 연출할 때 또 어떤 재료를 가지고 움직일지 아무도 모른다.

그런데 유일하게 신고가 행진을 하는 엠씨넥스 월봉 차트를 보도
록 하자.

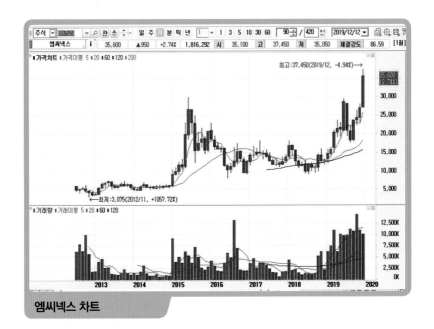

엠씨넥스 차트

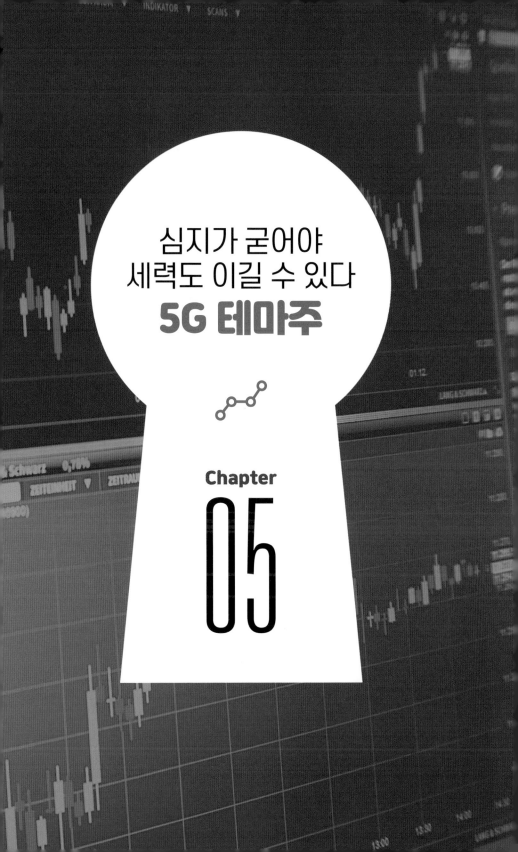

심지가 굳어야
세력도 이길 수 있다
5G 테마주

Chapter

05

바야흐로 초연결 시대가 왔다. 최근 가상현실과 증강현실을 위한 초고속 통신서비스와 자율주행의 핵심 기술인 초저지연 통신서비스, 사물 인터넷을 이용한 초연결 통신서비스를 구현함으로써 기존 4G와 크게 구별되는 5G 통신망의 필요성이 대두되었다. 이로 인해 이동통신 장비 시장은 여러 산업 중 성장 동력이 가장 큰 산업으로 여겨 세계 주요 국가들은 5G 시장을 선점하기 위한 디지틀 트랜스포메이션(Digital Transformation)전략을 짜고 있다.

다시 말해 속도전이 붙은 것이다. 영화 한 편을 다운로드받는데 '1초면 되는 통신사를 원하지, 1시간씩 다운받는 것을 과연 원할까'를 생각해보면 앞으로 5G 시장은 큰 먹거리 산업이 되는 것이다.

이런 부분을 시장에서 놓칠 리가 만무하다. 이미 테마가 만들어 져서 움직임을 보여주었지만, 2020년 주식 시장은 크게 바이오, 대선주, IT 관련 테마들이 움직인다면 당연히 5G도 한몫하며 움직일 수 있는 방향성이 있으므로, 눈여겨보아야 한다.

관련 종목은 케이엠더블유, 코위버, 우리넷, 대한광통신, 머큐리, 오이솔류션, 에프알텍, 전파기지국, 쏠리드, 대덕전자, RFHIC, 나무기술, 에이스테크, 와이솔, 오파스넷, 아이크래프트, 에치에프알, 기가레인, 텔레필드, 기산텔레콤, 이노와이어리스, 이루온, 서진시스템, 유엔젤, 텔코웨어, 우리로 등 많은 기업이 있다. 그중에서 5G 테마가 돌 때 가볍게 잘 움직이는 세 종목 차트를 올려보겠다.
먼저 전파기지국 주봉 차트인데 파동을 잘 만드는 것을 볼 수 있다.

전파기지국 차트

테마는 짝짓기가 될 때 강하다고 했다. 아래 두 종목 우리넷과 코위버는 같이 움직이는 경향이 있다. 코위버가 우리넷의 대주주인 관계 형성이 시장에서는 서로 힘을 실어주며 움직인다고 보면 된다. 두 종목의 일봉 차트를 보면 유사한 것을 볼 수 있다.

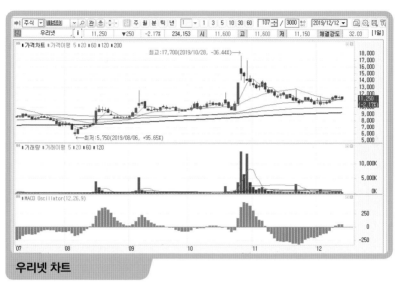

우리넷 차트

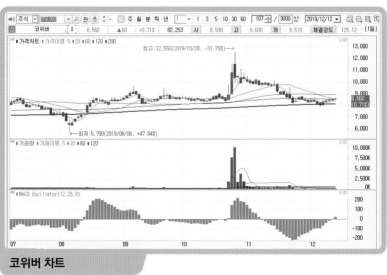

코위버 차트

돈 많은 세력이 많을수록
우리 장은 풍성하다
모바일 게임
테마주

Chapter
06

게임 관련주들은 시장에서 그렇게 크게 주목받지는 못하고 있다. 간혹 시장에서 테마가 부재할 때 한 번씩 나오는 정도인데, 연속성도 그리 크지 않다. 2014년 게임주들이 테마를 이루어 시세 차익을 냈지만, 지금은 세력들이 한번 해먹은 주식은 그렇게 달려들지 않는 것 같다. 그래도 틈새 전략으로 한 종목씩 나올 때 그 수급을 이용하면 단기 수익을 노릴 수 있다. 2019년 11월 선데이토즈 같은 종목이 단기적으로 수익이 잘 만들어졌다. 아래 차트를 보도록 하자. 그리고 수급이 그나마 한 번씩 들어오는 게임 관련주들은 컴투스, 위메이드, 액토즈소프트, 조이시티, 넥슨지티, 선데이토즈, 한빛소프트, 엠게임, 웹젠, 드래곤플라이 등이다. 이런 종목들은 그날 수급이 형성될 때는 따라가지 않는 것이 좋고 하루 정도 지켜보면 다음 날이든 그다음 날이든 수급을 동반해주는 모습을 갖춘다.

아래 선데이토즈의 단발성 수급에 의한 수익구조가 만들어진 것을 보자.

선데이토즈 차트

위메이드의 경우 2019년 12월 9일 단발성 수급이 들어오고 이틀 뒤에 10% 가까운 수급을 준 차트를 보자. 수급이 들어왔다는 것은 거래량을 통해서 볼 수 있는데 거래량이 터진 날은 고점에서 밀려 내려왔지만, 다음 날 그 전날의 물량을 소화하고, 다음 날 10% 이상 급등시킨 것을 잘 활용하면 단기 수익을 만드는 데 어렵지 않다.

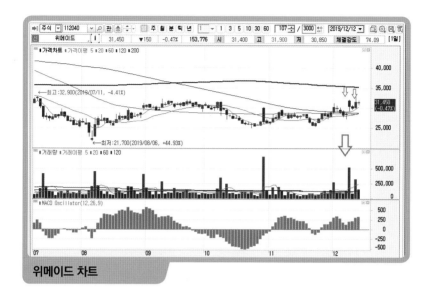

위메이드 차트

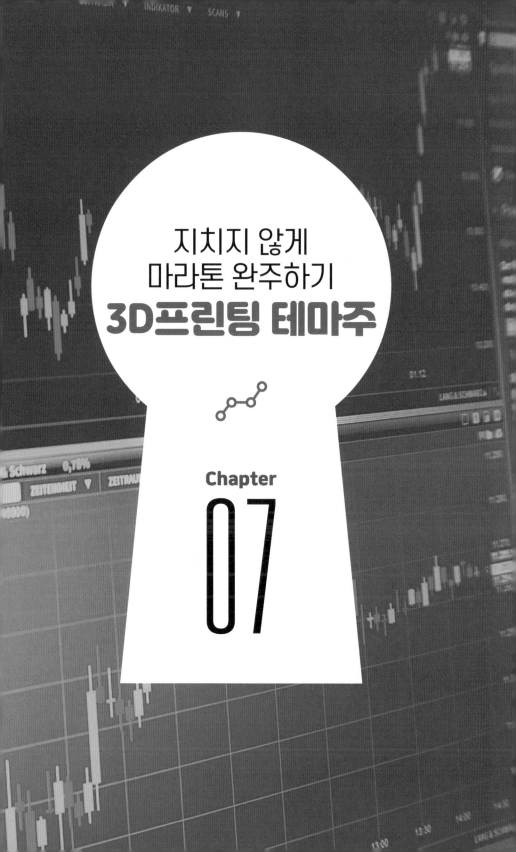

지치지 않게
마라톤 완주하기
3D프린팅 테마주

Chapter

07

2014년 생소하게 들렸던 3D프린터 관련주들이 엄청난 상승을 이끌었다. 테마라는 것은 철이 지나도 시장이 순환매를 돌 때 한 번씩 연관성을 지어 단발성으로라도 움직이기 때문에 큰 수익보다 시장의 흐름을 읽기 위해서 알아두는 것도 나쁘지 않다.

시장에서는 철 지난 종목도 새롭게 분장시켜 보석을 만드는 경우가 허다하므로 끼가 있었다는 그 하나의 이유로 눈여겨볼 필요는 있다.

3D 프린팅 관련주로는 TPC, 스맥, 하이비젼시스템, 맥스로텍, 로봇스타, 휴림로봇, 세종, 엔피케이, 코프라, 프로텍 등이다. 그런데 똑같은 테마인데 하이비젼시스템과 TPC의 일봉 차트가 너무 많이 차이 난다. 역시 시장이 말하는 대로 따라가야 한다는 것을

또 한 번 느끼게 된다.

하이비전시스템 차트

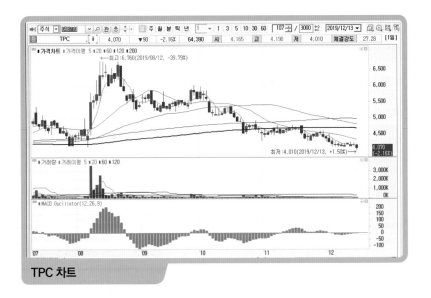

TPC 차트

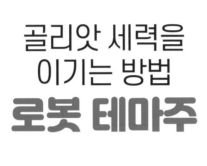

골리앗 세력을
이기는 방법
로봇 테마주

Chapter

08

4차 산업의 핵심은 아마도 로봇의 기능을 갖춘 힘이 클 것이다. 정부에서도 2023년까지 로봇 시장에 대한 육성 계획을 발표하고 글로벌 4대 강국으로 거듭나겠다는 구상도 내놓다 보니 시장에서 핫하게 테마를 이루었다. 정부의 입김과 함께 로봇사업을 진행하고 있는 기업들에 많은 투자금이 몰릴 것으로 보인다. 그 때문에 수익성 확대라는 긍정적 미래가 점쳐지면서 투자자들이 이런 로봇 테마에 많은 투자를 하는 것으로 보인다.

　로봇은 단순한 제조업인 사람이 하는 일을 대처하는 일부터 인공지능이 탑재된 최첨단 로봇까지 다양한 분야에서 주목받을 것으로 예상되기에 순환매의 흐름이 빠르게 진행될 수도 있지 않겠나 생각한다.

로봇 관련주로는 휴림로봇, 맥스로텍, 유진로봇, 삼익 THK, 로보로보, 디에스티로봇, 로보스타, 에이디칩스 등 여러 기업이 있는데 시장의 흐름에 따라서 수급의 쏠림 현상이 나온다. 테마가 형성되었을 때 끼를 가지고 본다면 로보로보, 에이디칩스, 휴림로봇 등이 순간적으로 가파르게 잘 움직이고 투자를 한번 해보고 싶다면 아무래도 로보스타가 그 기업의 가치가 있지 않을까 조심스럽게 말해본다.

　　여기서는 끼에 대한 부분을 얘기하는 것이니 로보로보의 월봉 차트를 보면 어떤 사이클을 만들고 있음을 알 수 있다.

로보로보 차트

인내심이 있어야
세력도 이길 수 있다
교육 테마주

Chapter

09

교육 관련 테마는 과거에는 수능 시험을 치르기 전에 한 번씩 연례행사처럼 움직였으나 최근 들어서는 변화되는 정부의 교육 정책으로 인해 다시 부각되었다. 교육 사업은 '100년 사업'이어야 하는데 정부의 정책이 교육 부분만큼 발 빠르게 움직이는 것은 없으리라 본다.

그만큼 우리는 자녀에 대한 교육열이 강하다. 좁은 땅덩이에 지하자원마저 풍부하지 못한 입지 조건이 '인적산업'과 싸우는 경쟁력만 부추기다 보니 교육에 대한 열풍은 두말할 필요가 없다.

이웃 나라 일본은 앞으로 인공지능 시대가 열리는 4차 산업을 미리 예견하고 수능도 폐지한단다. 하지만 우리는 '대입제도 공정성 강화 방안'을 발표하면서 정시의 부활을 예고했다. 정시 부활로 학

원가에서 스타 강사의 강의를 듣기 위해 밤새 줄을 서서 수강을 하기 위한 표를 받는 작금의 현실이 조금은 슬퍼 보인다. 이럴 때마다 시장에서는 그것을 노리는 테마가 기승한다. 주식 매매를 하고는 있지만 받아들이기에는 부족함이 있다.

교육 관련한 테마는 메가스터디, 메가엠디, 비상교육, 대교, 웅진씽크빅, 디지털대성, 예림당, 청담러닝 등이다. 최근에 정부 정책 바람에 따라 메가스터디와 메가엠디가 움직였는데 메가스터디의 일봉 차트를 보고 향후에도 언제든 움직일 수 있기 때문에 관심 창에 올려두도록 하자.

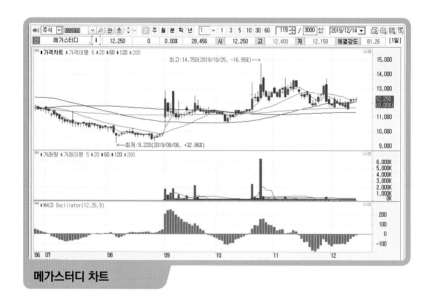

메가스터디 차트

엉덩이가 무거워야
세력도 이길 수 있다
일자리 테마주

Chapter
10

일자리는 노동부에서 담당한다. 주 52시간제 위반이 되더라도 처벌을 유예하겠다는 얘기들이 나올 정도로 일자리 문제는 심각하다. 일자리 문제의 해결 없이는 저출산 문제도 쉽게 해결될 수 없다. 새로운 정부가 들어설 때마다 일자리 부분에 대한 공약이 끊이질 않았다. 젊은 청년들에게 희망의 끈을 놓지 않게 하기 위해 정부는 무던히도 노력했다. 하지만 기업의 일자리보다 공무원을 늘리는 일자리 정책을 강화한 것이 정부의 피나는 노력 같아 보인다.

결국, 국민이 낸 세금으로 젊은이들의 일할 공간을 만들어주고 그렇게 해서라도 경제의 물꼬를 막지 않으려는 해석으로 보인다. 지금은 일하고 싶은 사람은 많으나 그 자리를 찾는 것은 쉽지 않다. 그러다 보니 정부가 한 번씩 일자리 관련한 정책의 목소리를 낼 때마다 관련 종목들이 움직여주기는 하나, 그렇게 시장을 움직일 만큼의 테마의 힘은 아니다. 그러나 틈새 전략으로 나오는 경향이 있으므로 알아둬서 나쁠 것은 없다.

관련주로는 윌비스, 사람인, 에이치알, 에스코넥, 다우기술, 아시아경제, 대성창투, DSC인베스먼트, 에이티넘인베스트먼트, 티에스인베스먼트, SBI인베스먼트, 우리기술투자, 팍스넷, 위즈코프, 웹스 등이다.

여기서 창투사들이 일자리에 많이 등장하는 이유는, 창투사들은 주로 벤처기업에 대해 투자 금융을 제공하는 벤처 캐피탈 기업의 성향을 가지고 있기 때문이다. 그래서 일자리 관련한 종목들이 움직일 때 창투사들이 그룹을 형성해 테마를 이룰 때는 좀 더 강하게 테마가 진행된다는 것을 감지하고 베팅을 강하게 하는 나름대로의 노하우도 익혀두어야 한다.

에이티넘인베스먼트도 '중소기업창업지원법'에 근거해 설립되었고, '벤처기업육성에 관한 특별조치법'에 의해 벤처기업에 대한 투자를 하고 있는 회사다. 창투사들을 눈여겨보아야 하는 이유는 비슷한 사업 목적으로 같이 그룹을 형성해서 대장 자리를 바꾸어가며 강한 테마를 이룬다.

수익을 극대화하기 위해서는 무엇보다 탁월한 종목 선택이 중요하고, 종목의 흐름이 강하게 분출할 때는 베팅을 할 줄 알아야 한다. 돈이 되는 종목은 '백주' 사고 돈이 안 되는 종목은 '천주'를 산다면 계좌는 늘 보잘것없어진다.

특히 테마주에서는 베팅 감각이 너무나 중요하다. 테마가 막 형
성되는 신선한 종목이 첫 상한가를 치면서 파동을 만들려고 할 때
는 시장에서 주목받을 수 있는 충분한 재료가 있다면 뒤도 돌아보
지 말고 강하게 베팅해야 하는데, 그것은 다년간 돈을 많이 잃어보
고 풍부한 경험이 있어야 가능하다. 하루아침에 베팅 감각을 살린
다는 막연함보다는 늘 경험을 통해서 하루하루 변화하는 수급의
형태를 보면서 연습매매의 달인이 되자.

일자리 관련주 중에서 2019년 윌비스의 일봉 차트를 보도록 하자.

윌비스 차트

일자리 창투사 관련주 중에서 2019년 에이티넘인베스트먼트 일

봉 차트를 보자.

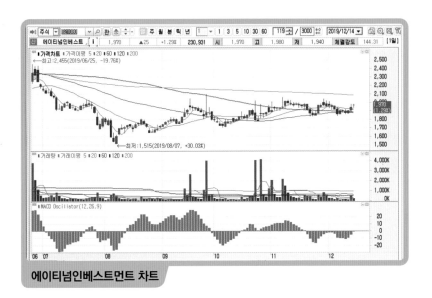

에이티넘인베스트먼트 차트

세력주는 약장에서
더 고개를 숙인다
비트코인 테마주

Chapter

11

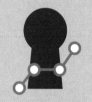

비트코인은 가상 화폐라고도 하는 채굴방식이 어려워 희소성이 있다. 2019년에는 비트코인 가격 상승은 그 상승세가 끊이지 않고 지속성을 보여주어 다시 2017년을 재현하는 것은 아닐까 하는 관측이 제기되기도 했다.

이렇게 한번 형성된 테마들은 시간이 지나 주목받게 되지만, 종목들이 간헐적으로 움직일 때 그 기업의 특성은 이해하지 못한다 하더라도 테마주를 매매한다면 그 종목들이 어떤 섹터 관련주에 속해서 움직인다는 것쯤은 알고 있어야 한다. 이게 테마주에 대한 기본 상식이다.

비트코인과 관련성이 있는 코스닥 시장의 기업은 우리기술이다. 코인 투자 3대 거래소 중 하나인 업비트에 지분을 투자하고 있다. 업비트는 코인수와 거래량이 국내 1위이며 전 세계 거래량에서 대한민국이 압도적 1위를 하는 거래소다. 그래서 우리기술이 비트코인 대장주로 잘 치고 나간다. 제이씨현시스템도 잘 움직이는데 이는 자회사인 디앤디컴이 대만에 있는 비트코인 채굴업체 한국 총판권을 가지고 있어 제이씨현 시스템도 우리기술처럼 잘 움직인다.

그 외 비트코인 결제 서비스 코인 플러스와 제휴 계약을 체결한 갤럭시아컴즈, 가상 화폐 비트코인 채굴용 부품 자일링스의 국내 총판권을 가진 매커스, 거래소 빗썸의 지분을 가지고 있는 비텐트, 위지트는 빗썸의 지분을 가지고 있다. 그 외 엠게임, 한일네트웍스도 있다. 이 중에서 우리기술의 주봉 차트를 보고 가자.

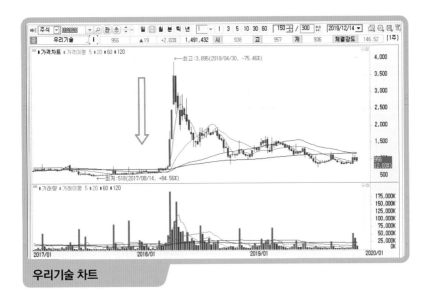

우리기술 차트

세력이 이끄는 주도주
셰일가스 테마주

Chapter

12

셰일가스는 긴 시간 모래와 진흙이 수평으로 쌓여 단단하게 굳은 퇴적층에 매장되어 있는 천연가스로, 탄화수소가 풍부한 셰일층에서 개발되는 가스다. 보통의 천연가스는 셰일층의 가스가 지표면 방향으로 이동해 한곳에 고여 쉽게 발견되어 개발되는 데 비해 셰일가스는 암반층에 갇혀 있어서 개발이 어렵다. 그러다 보니 채굴 기술도 부족하고 경제성도 낮다는 이유로 1800년대만 하더라도 기피했다.

그러나 2000년대에 오면서 그와 관련한 기술이 개발되고 가격도 높게 산정되어 경제성이 높아지면서 차세대 에너지원으로 자리하게 되었다.

현재 매장량은 미국을 비롯해 중국, 러시아에 가장 많다. 그 외 30여 개국의 매장량을 다 합하면 전 세계가 앞으로 60년간 사용할 수 있는 양이라고 한다.

셰일가스는 천연가스의 일종이기 때문에 난방 연료 발전용 석유화학 원료, 액화 천연가스처럼 폭넓게 사용할 수 있어 세계적인 기업들이 많은 관심을 가지고 활발한 개발 연구에 있다. 앞으로 고갈 우려가 있는 화석에너지의 대체로 에너지 전쟁이 발생한다면 또다시 주목받을 수 있으므로 주식 시장에서 관찰 대상이다.

셰일가스 관련주로는 SH에너지화학을 빼놓을 수 없다. 그 외 디케이락, 비에이치아이, 동성 화인텍, 한국가스공사 등이다. 셰일가스 관련 테마들은 중동 지역에서 긴장감이 감돌 때도 같이 움직일 때가 있고, 유가가 상승해 유가 관련주들이 움직임을 보여줄 때 같이 시세를 주기도 한다. 이런 상황은 유가에 대한 상승이 천정부지로 상승할 때 그런 현상들이 나오고, 만약 중동 지역에서 전쟁이라도 일어난다면 심각성은 두말할 필요가 없다.

호르무즈 해협은 원유 수출의 중요한 요충지다. 세계적인 산유국에서 생산되는 석유가 이 해협을 경유해 전 세계로 유통시킨다.

2019년 호르무즈 해협이 전쟁의 긴장감으로 유가가 폭등할 때 유가 관련주 흥구석유, 중앙에너비스 같은 종목들이 갑자기 장중 마이너스에서 플러스 30%를 가는 현상들이 나왔다. 주변에서 일어나는 뉴스들을 잘 체크하다 보면 단발성 수익을 만들 수도 있다.

이런 현상은 주식 시장에서 비일비재하게 일어나는데, 특히 시장의 테마가 없거나 뚜렷한 모멘텀들이 없어 이 테마, 저 테마들이 중구난방 움직일 때가 더러 있다. 그럴 때 조그만 사건 사고라도 발생해 뉴스거리를 만들면 목말라 있는 시장에 정말로 '기름을 붓는' 현상이 발생하게 된다. 그때 호가창의 움직임을 보면 정말로 가관이다. 완전히 수급 자체가 '미친년 널 뛰듯' 하고 호가창의 물량이 조금이라도 받쳐주면 10 호가쯤 밑으로 내리꽂는 현상은 말할 것도 없고, 올려 치며 매수할 때도 10 호가를 미리 잡는 현상도 허다하게 보이게 된다. 이런 호가창이 보일 때는 바로 매도키를 눌려 수익을 챙기는 전략이 필요하다. 보유를 하지 않은 투자자는 따라잡기보다는 관망의 자세가 가장 바람직하다.

테마주는 절대로 일분봉 파동이 급하게 나올 때 따라가서는 안된다. 테마주는 하루에도 지지라인을 형성하고 눌림을 주고 있을 때 매수 해서 급등하는 흐름이 나올 때 매도해야 한다. 추격매수는 죽음을 부르는 지름길이다.

여기서 셰일가스인 SH에너지화학의 일봉 차트와 유가 관련주 흥구석유의 2019년 일봉 차트를 보도록 하자. 두 종목이 비슷한 시기 같이 움직였다는 것을 알 수 있다.

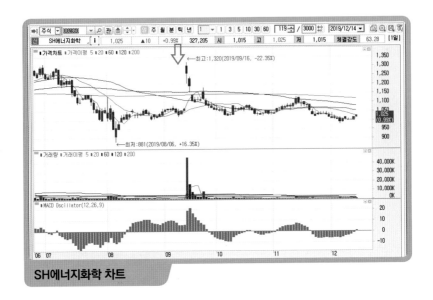

SH에너지화학 차트

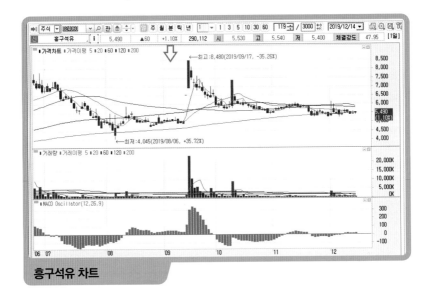

흥구석유 차트

이난희 전문가의 돈 버는 기술 테마주를 알면 30억이 보인다

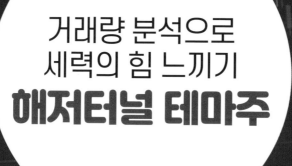

거래량 분석으로
세력의 힘 느끼기
해저터널 테마주

Chapter

13

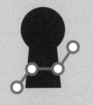

해저터널은 바다 밑을 뚫는 건설 사업이다. 지금은 안 될 것도 없고 못할 것도 없는 세상이기에 먼 얘기는 아닌데, 해저터널 관련주를 한 코너로 다룬 데는 그만 한 이유가 있다.

　이번에 여론지지도에서 가장 유력한 대권 주자로 부상하고 있는 이낙연 국무총리의 정책주가 부각되고 있다. 이낙연 국무총리는 2014년 전남지사로 재임할 때 꾸준히 해저터널에 대한 건설 사업을 추진하기를 요구했기 때문이다.

　최근에는 목포에서 제주도를 연결하는 해저터널 사업이 다시 논의되기도 했다. 아무래도 인지도가 높은 대권 주자의 정책이다 보니 주식 시장에서는 덩달아 같이 움직이는 관련주들도 있다.

이낙연 국무총리가 2019년 4월 세종시에 국회의원으로 출마한다는 얘기들이 나돌면서 세종시 관련주들 프럼파스트, 유라테크 등도 움직이는 것이 심상치 않다.

해저터널 관련주로는 앞에서 먼저 KT서브마린을 얘기했고 특수건설, 우원개발, 동아지질, 한국선재 등이 있다. 좀 더 주식 시장에서 탄력을 받게 되면 종목들이 더 만들어질 수 있다. 그럴 때는 가장 먼저 치고 나가는 대장주를 잡아야 한다. 테마주에서는 반드시 후발 종목보다는 비싸더라도 대장주를 잡아야 함을 잊어서는 안 된다.

그럼 대장주는 어떤 모습을 보여줄까.

첫째, 같은 테마주의 그룹 중에서 상승률이 높아야 거래량도 빼놓을 수 없다. 주가의 상승에 당연히 거래량을 동반하겠지만 그 거래량이 저가 종목이든 중저가 종목이든 간에 2019년 주식 시장의 형태로 보면 1,000만 주 이상은 터져야 한다는 것이다. 주가가 5,000원 미만의 종목들은 1,000만 주 거래량이 터지는 것도 많은 것은 아니다. 적어도 3,000~5,000만 주, 많게는 1억 만주도 터지는 경우가 허다하다. 이런 현상은 주식 시장에서도 몰아주기식 매매 패턴이 흥행하고 있다고 보면 된다.

기관이나 외국인의 세력이 붙을 때는 500만 주만 거래량이 움직여도 대단하다고 할 수 있다. 하지만 정작 우리가 흔히 알고 말하는 세력은, 여러 세력이 합심해서 몰아주는 방식의 흐름을 잡는 것이기 때문에 거래량이 정말로 장난 아니게 잡히는 경우가 허다하게 나오고 있다. 그리고 상한가로 마무리 짓지 않으면서 다음 날 20% 이상 추세대로 차트를 만드는 경우도 자주 보게 된다. 개인 투자자들은 거래량이 터지면 무조건 상한가로 마무리해야 한다는 고정 논리를 펴지만, 요즘 세력들은 그 틀을 깨고 장이 끝날 때 투매를 유도하고 다음 날 띄워서 다시 급등시키는 전략을 구사하고 있다. 그렇기 때문에 세력의 전략을 호가창을 통해서 잘 지켜보아야 한다.

2019년 우원개발의 일봉 차트와 특수건설의 일봉 차트를 보고 다음에 만들어질 차트를 연상해보도록 하자.

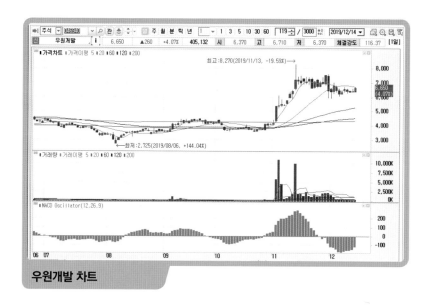

우원개발 차트

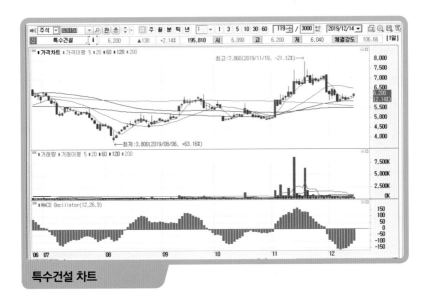

특수건설 차트

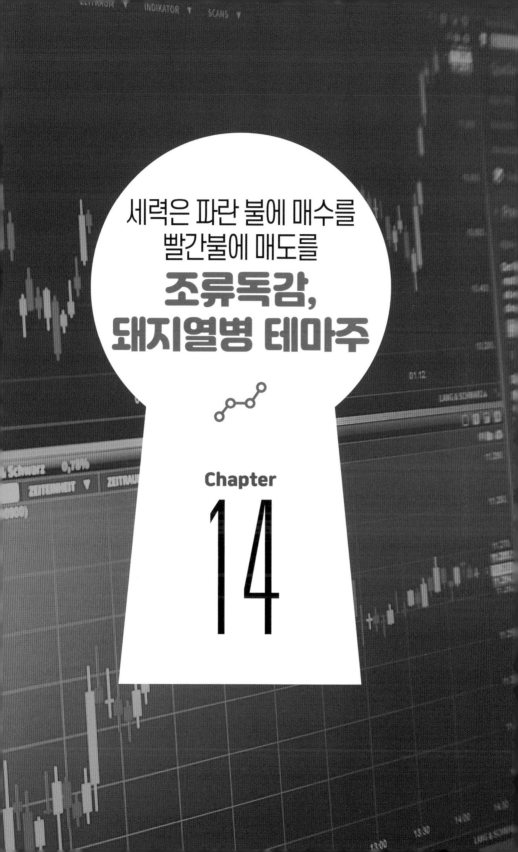

세력은 파란 불에 매수를
빨간불에 매도를

조류독감,
돼지열병 테마주

Chapter

14

조류 인플루엔자에 의한 동물들의 전염병 확산 관련한 테마들은 날씨가 추워지는 때쯤이면 한 번씩 나온다. 날씨가 더울 때는 돼지 열병 관련한 테마들이 기승을 부린다. 주식 시장은 이런 테마들만 잘 따라다녀도 상당한 수익구조를 형성할 수 있다.

　그동안 조류독감 관련한 테마가 형성되었을 때 처음에는 동물 백신 관련주들이 움직이다가 폐사되는 오리나 닭들이 많아지면 방역 관련 주식들이 움직이고, 그러다 마스크 관련주까지 이어지면 조류독감 관련주들이 한 바퀴를 도는 형태로 이어져 왔다. 그런데 이런 동물 관련 백신주들은 고점에 물려도 또 한 번의 기회를 만들어 어떤 형태로든 1년에 2번 정도는 사이클이 도는 것 같다.

2019년에는 돼지 열병으로 한차례 시세를 만들었으니 날씨가 추워지는 겨울이 오면 주식 시장은 조류독감으로 또 한차례 랠리를 만들 궁리를 하지 않을까 생각한다.

동물 백신주들은 상상을 초월하게 움직이는 경우가 많다. 2019년 9월 아프리카 돼지 열병으로 전국이 떠들썩하게 기사화될 때 도저히 나올 수 없을 거라는 기술적 상한가를 만들고 그것도 점상한가를 2일 연속 만드는 기염을 토해냈다. 신기한 것은 어떻게 그런 절묘한 타이밍에서 기사가 나오고 방송에서도 아프리카 돼지 열병에 두려움에 떨게 만드는지…. 그렇다고 인간에게 치명적이거나 다른 동물에게는 전염성이 강하지 않고 오로지 같은 종의 돼지에게만 전염성이 강한데 주가는 고공 행진을 했다. 그 당시 가장 강한 모습을 보여준 체시스의 일봉 차트를 먼저 보자.

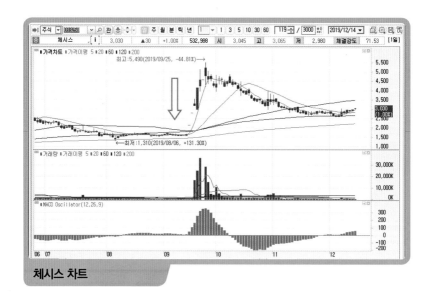

체시스 차트

조류독감이나 돼지 열병 같은 동물 백신주들은 바이오주들보다 더 빠르고 강하게 움직이는 것은 테마의 순환이 짧기 때문이다. 그 순간을 놓쳐버리면 오랜 시간을 다음 파동이 나올 때까지 기다려야 하기 때문에 장기적 관점으로 보면 안 된다.

동물 백신주들의 흐름이 달라진 것은 2019년이다. 보통 조류독감이나 동물 백신 관련해 움직이면 파루와 이글벳이 먼저 움직여주고 그다음 제일바이오 순서였는데, 2019년은 달랐다. 제일바이오가 아프리카 열병의 대장주 체시스가 무너졌는데도 불구하고 끝까지 움직인 것을 보면 이제 테마들도 개인 투자자들이 생각하고 있던 고정 관념을 깨어버리는 것 같다. 제일바이오의 일봉 차트를 한번 보자.

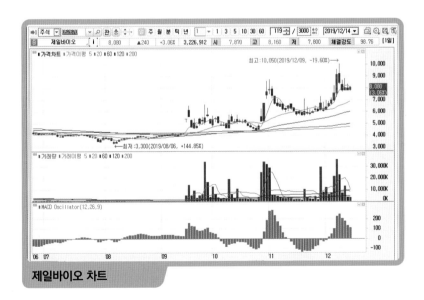

제일바이오 차트

앞의 체시스 일봉 차트와 제일바이오의 일봉 차트를 같은 시기 비교해보면 이미 대장주였던 체시스는 고점 형성 후 바닥을 만들고 또 한차례 동물 백신주들이 움직임이 나오기를 때를 기다리는 모양으로 납작 엎드려 있는데, 제일바이오는 정배열 상태에서 아직도 파동이 남아 있는 모습으로 진행하고 있다.

마치 조류독감 바람이 불면 언제든 한 번 더 시세를 만들 모양새다. 그러나 이런 백신주들은 주식 시장에서 테마가 부재할 때 단발성으로 강하게 나온다. 그렇기 때문에 흐름 포착을 잘할 수 있도록 개인 투자자는 항상 뉴스에 민감한 반응을 보여야 한다.

조류독감이든 돼지열병이든 이런 형태의 전염성이 테마가 되면 반대편의 수산주들이 그 수혜를 보기 때문에 덩달아 상한가를 만드는 경우가 있다. 수산주들은 대한뉴팜, 동원수산 등이 움직임을

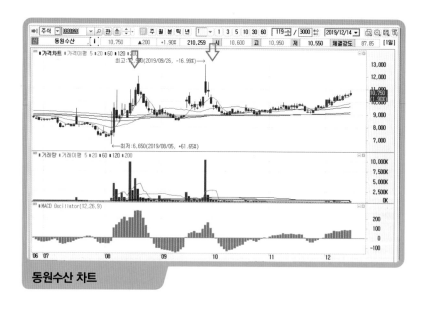

동원수산 차트

보여준다. 동원수산의 일봉 차트를 보면 쉽게 이해된다.

 이외에도 동물 백신 관련주들이 움직일 때 같이 움직이는 종목은 중앙백신, 팜스웰바이오, 한국콜마, 고려제약, 팜스토리, 이지바이오이다. 우리손에프앤지, 하림은 돼지 열병 때 돼지고기를 먹지 못하니 닭고기 소비가 늘어난다는 의미로 짜여진 주식 시장의 각본에 따라 움직인다. 또 마스크 관련주 오공과 웰크론도 그런 맥락으로 같이 움직여주는 경우도 있다.

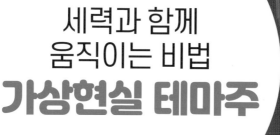

세력과 함께
움직이는 비법
가상현실 테마주

Chapter

15

가상현실은 특정한 환경이나 상황을 컴퓨터를 통해 그대로 모방해 사용자가 마치 실제 주변 상황, 환경과 상호작용을 하는 것처럼 만든 기술을 말한다. 가상현실은 3D 컴퓨팅을 이용한 상호작용 연구에서 시작해 비행기와 우주선의 조종을 위한 시뮬레이션 기술을 거쳐 발달했고, 2010년 이후는 의학, 생명과학, 로봇공학, 우주과학 등 다양한 분야에서 활용되고 있다.

가상현실 부분이 뜨고 있는 이유는 가상공간을 컴퓨터로 실현해 비현실적 상황을 만들어, 이것을 통해 트라우마를 치료하거나 군대, 의료, 스포츠 등에서 활발하게 사용되고 있기 때문이다. 4차 산업시대에 접어들면서 가상현실에 대한 부분이 더 관심이 부각되고 있다.

가상현실 관련주로는 한국큐빅, 에스코넥, 에스넷, 엠게임, 칩스앤미디어, 이랜텍 등인데, 2019년 12월 한국큐빅이 움직임이 나오고 있다. 한국 큐빅의 일봉 차트를 살펴보도록 하자.

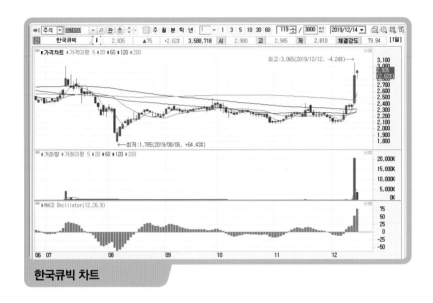

한국큐빅 차트

주식 시장에서는 한번 테마가 만들어지면 순환매가 일어난다는 것을 알고 있어야 한다. 다시 4차 산업혁명과 관련한 테마들이 강하게 움직여주면 가상현실 테마들이 시장에 나오지 않은 종목 중에서 유망 종목으로 나올 수 있다. 종목을 미리 찾기보다 시장에서 만들어져 나올 때 빨리 상황 파악을 하고 매수할 수 있는 기술력을 갖추는 실력자로 탈바꿈하기 위해 노력해야 한다.

눈에 보이는 차트가
답이 아니다
우주항공 테마주

Chapter

16

세상에는 영원한 우방도 영원한 적도 없다. 우리의 항공은 우리가 지켜야 한다. '항공우주' 산업은 민간 부분에서도 부가가치가 상당히 높지만, 군사 분야의 항공 기술이 지금 당장 시급한 부분이다.

이런 부분이 단시간에 이루어지는 것은 아니지만, 전 세계 항공 우주 산업의 규모는 2015년 기준, 630조다. 우리나라의 경우는 우주 항공 산업이 한국 항공 우주산업 주식회사가 주도하고 있다. 여기서 자체적으로 전투기를 만들고 있고 비행기 기체도 팔 수 있고, 장비와 부품들도 팔아서 수익을 내고 있으며 무엇보다도 기술이 국내 보유라는 점이다.

항공우주 관련주로는 한국항공우주, 피씨디렉트, 비츠로테크, 한
양디지텍 등이다. 이 중에서 2019년 12월 신고가 행진하는 피씨디
렉트의 일봉 차트를 보도록 하자.

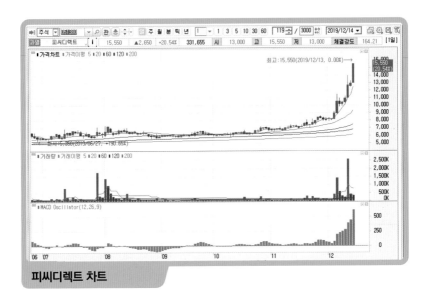

피씨디렉트 차트

호가 창에서
그들을 구분해라
태양광 테마주

Chapter

17

태양광 테마 역시도 정부 정책의 하나로 움직임을 보여주었다. 원자력 발전소보다 안전성과 친환경적인 부분을 내세워 태양광 설치를 권유하는 정책이었다. 태양광이나 원자력이나 둘 다 장단점은 있기 마련이지만 정부의 강한 드라이브가 주식 시장에서도 그대로 반영이 되었다.

최근 기후 변화에 따른 위기감을 느끼고 파리기후 협약에서도 전 세계 200여 개국이 참여해 환경에 대한 문제를 인식하고 대책을 마련하자는 분위기가 고조되면서 태양광 에너지에 대한 사회 분위기가 바뀌어갔다.

또한 태양광 발전 설비의 제품 단가 절감이 보급률을 높일 수 있

는 기술이 개발되고 대체에너지에 대해 큰 기대를 하고 있다는 점
도 한몫했다.

태양광 관련된 종목으로는 OCI, 동전 주식인 신성이엔지, 웅진
에너지, 에스에너지, KC코트렐, 유니슨, 대성파인텍, KCC 등 많
은 기업이 있다.

친환경 관련해서 다시 한번 순환매가 짧게 돈다면 유니슨을 기
억해두자. 이 종목은 풍력 관련주이기는 하나 친환경이라는 같은
의미를 지녀 태양광이 움직일 때 상한가를 잘 만드는 종목이다.

유니슨의 2019년 11월 12일 일봉 차트를 보면 쉽게 상한가를 만
든 흔적을 볼 수 있다.

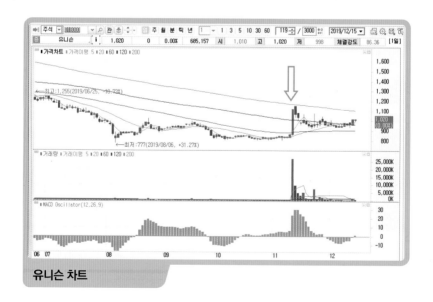

유니슨 차트

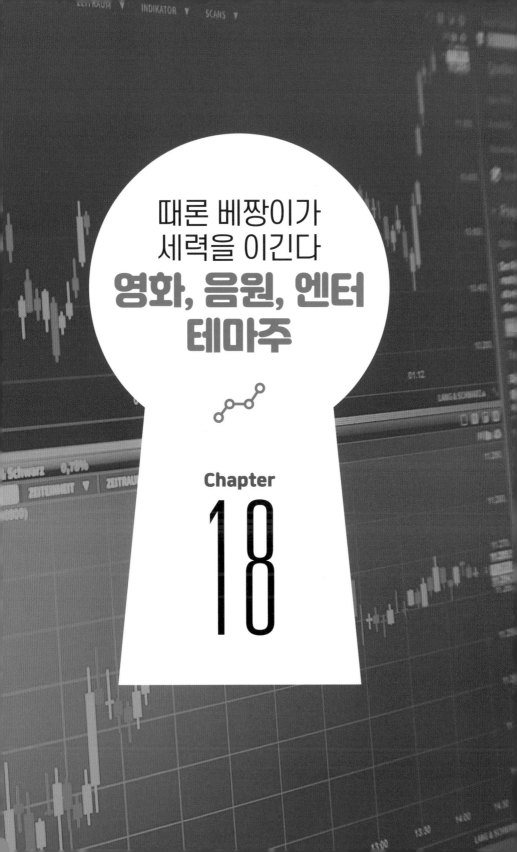

때론 베짱이가
세력을 이긴다
영화, 음원, 엔터
테마주

Chapter
18

엔터 관련주는 음원, 영화, 그리고 드라마 제작과 관련해서 주가를 움직이게 하는 테마주이다. 가령 영화가 개봉되어 1,000만 관객을 넘어서게 되면 배급사와 제작사와 관련된 기업들이 상한가를 치면서 단기간에 대박을 만들어주는 경우가 허다하다.

　한때 싸이의 〈강남 스타일〉이 대박을 칠 때 싸이의 아버지가 운영하는 디아이가 주가 1,000원에서 단숨에 10,000원을 만든 적이 있다. 반도체 관련 기업인 디아이가 주가를 대박으로 만든 것은 주식 시장에서 시너지 효과다. 디아이 월봉 차트를 보고 좀 더 쉽게 이해해보자.

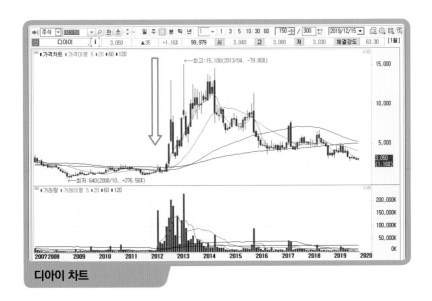

디아이 차트

　이렇게 연관 고리로 움직이는 종목들은 허다하다. 봉준호 감독의 〈기생충〉이라는 영화가 프랑스 칸 영화제에서 황금종려상을 받게 되자 제작사인 바른손보다 모회사 바른손이앤에이가 더 강하게 상한가를 만드는 것을 볼 수 있다. 배급사였던 CJENM의 상승은 그리 두드러지게 상승하지 않았다.

　다시 말해, 주식 시장에서 똑같은 재료에 대해 더 실적을 잘 갖추고 있는데도 왜 그 종목이 가지 않고 그보다 못한 내재가치들이 급등하느냐고 반문한다면, 그 답은 바로 세력 마음이라는 것이다. 세력이 가지고 놀기에 적합한 것을 선택하기 때문에 그 세력들이 좋아하는 조건을 잘 따져보아야 한다는 것이다. 즉, 세력들이 움직일 때는 개인 투자자들이 많이 가지고 있지 않은 종목을 세력들이 한껏 주가를 부풀려놓았을 때 개인 투자자들이 비싼 가격에도 잘 사줄 수 있는 그들만의 입맛에 맞는 조건을 선택한다는 것이다.

바른손과 바른손이앤에이의 2019년 6월의 일봉 차트를 보면 더욱 더 쉽게 이해될 것으로 보인다.

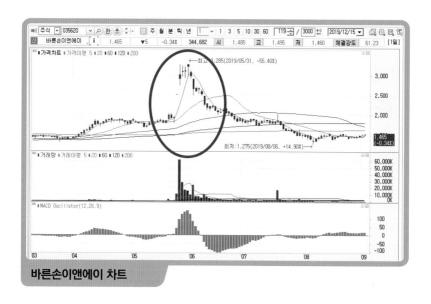

바른손이앤에이 차트

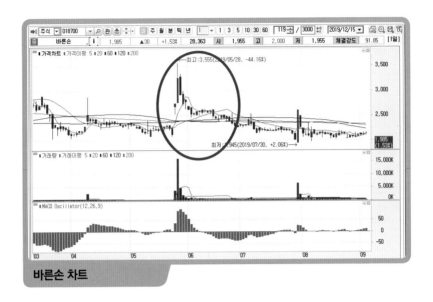

바른손 차트

　그 외 영화 관련주들은 쇼박스, 덱스터, CJCGV, 버킷스튜디오 등이 있다. 이 종목들도 어떤 영화를 개봉하는지, 흥행성의 가능성이 보이는지, 뉴스거리가 있는지 잘 체크해보는 것도 나쁘지 않다. 여기서는 덱스터의 주봉 차트를 보고 가자.

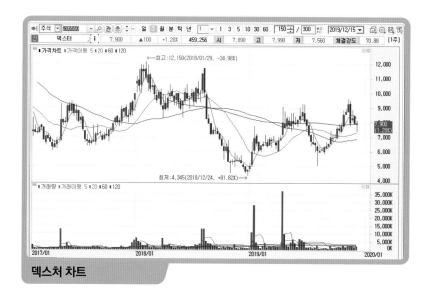

덱스처 차트

엔터주는 작은 이슈에도 민감하게 반응하고 아무런 이유 없이 상한가를 가기도 해서 개인 투자자들의 궁금증을 자아내기도 한다. 2019년 11월 큐브엔터의 주가가 단기간에 2연상을 만들었다. 이렇게 아무런 호재 없이 변동성을 줄 수 있었던 것은 시가총액이 1,000억 정도이며, 대주주 및 우호지분의 비율이 45% 정도를 보유하고 있으니 유통 주식 수를 고려해보면 실질적으로 주식 시장에서 돌아다니는 물량이 많지 않다는 것을 알 수 있다. 이런 경우는 쉽게 큰 변동성의 포지션을 만들 수 있다.

역시 세력들은 시총이 약하고 다시 말해서 단기간에 50% 이상의 상승을 해도 주식 시장에 부담을 덜 주는 그런 종목을 타겟팅하고 있다는 것을 알 수 있다.

또 하나는 개인이 많이 보유하는 것보다는 물량이 많이 잠겨 있
는 유통 물량이 적은 것을 선호한다는 것을 알 수 있다.

큐브엔터의 2연상을 만든 일봉 차트를 한번 눈여겨보자.

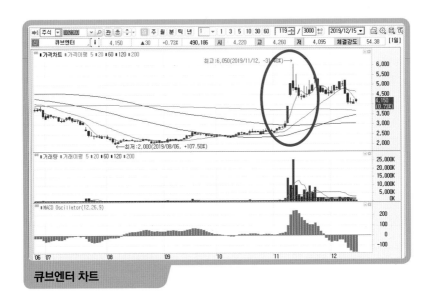

큐브엔터 차트

박진영 대표의 JYP 엔터테인먼트, 양현석이 대표로 있는 YG 엔
터테인먼트, 이수만 대표의 SM 엔터테인먼트, 이들 기업은 아무
래도 정치적 인물들과의 교류가 잦을 수 있는 상황이다 보니 한 번
씩은 악재를 맞았던 기업들이다.

연예인들과 스캔들이 터져 나오게 되면 직격탄을 맞게 되므로
엔터주들은 시세의 흐름을 만들려고 할 때 따라 들어가는 전략이
바람직해 보인다. 주가를 띄우기 위해서는 미리 흘리는 작업을 하
므로 뉴스거리가 자주 나온다든지, 주가의 기술적 흐름을 만들어
간다든지, 호가창을 통해서 볼 때 지표는 살짝씩 무너뜨리는데 호

가창에서 가격은 어느 라인을 지지한다면 분명 세력이 관리하고 있다고 보면 된다.

그럴 때는 조용히 조금씩 밀릴 때마다 매수해두면서, 거래량이 터지고 활발한 호가창의 움직임을 보여주면서 파동을 만들 때는 과감하게 따라붙는 전략이 좋아 보인다. 세력이 주가를 움직일 때는 반드시 올리고 흔들고를 반복하면서 올리기 때문에 매수자리는 주게 되었다. 그러나 주가가 상승 후 밀릴 때는 순간적으로 밀어버리기 때문에 항상 파동이 나온 종목은 스탑 로스를 걸어두는 것이 바람직하다. 스탑로스의 설치는 증권사에 전화해서 물어보면 간단하게 답이 나온다.

엔터주들 중 끼가 많은 초록뱀, IHQ 제이콘텐트리, 키이스트 이런 류들도 어느 사이클을 두고 한 번씩 파동을 만드는 경우가 많다. 초록뱀의 월봉 차트와 키이스트의 2019년 일봉 차트를 보고 가자.

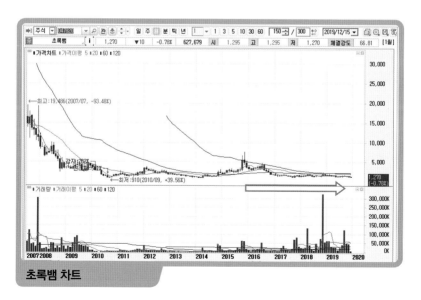

초록뱀 차트

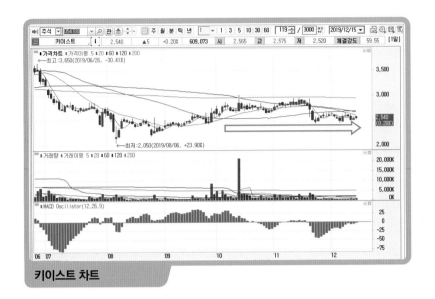

키이스트 차트

꼭 알아야 하는
세력 패턴

애니메이션
테마주

Chapter

19

테마는 종목들이 같이 그룹을 형성할 때 강한 상승을 만드는데, 2019년에는 '아기 상어'의 바람이 강한 테마를 만들었다. '아기 상어'는 모든 어른에게도 동심을 일깨워주는 역할을 했기 때문에 더 유명세를 탄 것 같다.

여기서 가장 강한 주가의 상승 흐름을 만든 기업이 삼성출판사이다. 삼성출판사가 아기 상어에 대한 주요 판권 비중을 가장 크게 가지고 있기 때문이다. 먼저 차트를 살피고 급등의 자리를 보도록 하자.

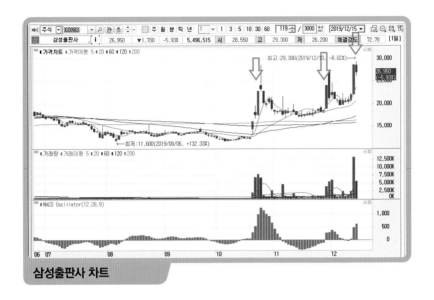

삼성출판사 차트

위의 삼성 출판사의 일봉 차트를 보면 시간차를 두고 3번이나 상한가를 만드는 경우는 지금까지 20년 넘게 주식 시장을 보아오면서 처음 보는 형태다. "주식은 패션이다"라는 말을 실감하게 하는데, 재료가 강하고 그것이 다음 분기의 매출과 직접적인 연관성을 가질 때는 시간차를 두고 상한가를 만들면서 주가를 계단식으로 업그레이드하는 세력들의 방식이 바뀌고 있음을 보여주는 단적인 예다.

주식 시장은 나날이 교묘한 세력들의 방법을 빨리 알아차릴수록 큰 수익을 만들 수 있다. 과거의 고정 관념에 사로잡힌 틀에 박힌 생각을 버려야 하고 빠르게 변하는 그들의 수법을 따라가야 한다. 보통 상한가 한번을 만들면 급락하거나 끝나는 주식으로 보는데, 지금은 5일선을 깨지 않으면서 추세를 만드는 경우도 있다는 것을 알고 가야 한다.

똑같은 아기 상어 테마인 토박스코리아는 비슷하지만 좀 더 바
닥을 다져야 추세가 살아날 것 같은 모양이다. 삼성출판사 대장주
의 눈치를 보는 듯한 차트의 흐름이다.

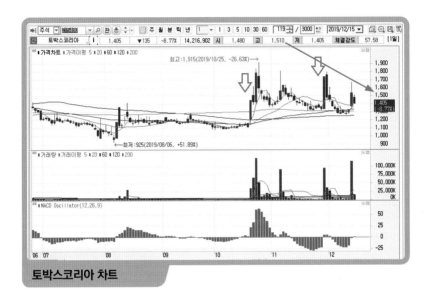

토박스코리아 차트

같은 날, 삼성출판사는 상한가를 갔으나 토박스코리아는 상한가
를 가지 못해 완전한 추세선이 살아나지 못했다. 저런 형태도 기술
적으로 함부로 얘기할 수 없는 것은 세력이 돈으로 당겨버리면 모
양새는 달라지고 기술적 흐름의 해석 역시 달라지기 때문이다. 그
래서 지금 시장에서 기술적 흐름은 그날 하루 정도밖에 해석할 수
없고 멀리까지 본다는 것은 어려운 일이 되었다.

세력들이 돈으로 마음대로 차트를 만들어버리기 때문에 특히나 수급에 의해 움직이는 종목들은 너무 차트에 맹신해서 그 기준을 잡아버리면 낭패를 볼 수가 있다. 먼저 수급이 들어오는가를 파악해야 하고 수급이 들어오는 것을 파악했다면 차트를 살짝 밀어버린다고 해서 너무 급하게 매도 키를 누를 필요는 없다.

이런 예의 종목을 하나 소개하면 2019년 12월 6일 수산중공업은 실적 얘기가 나오면서 장중 17% 급등시키고, 그날 그대로 밀고 이틀 동안 더 밀고 다음 날 20% 급등을 시켰다.

수산중공업 차트를 보면 더 쉽게 알 수 있다. 수급이 들어오는가는 거래량과 호가창의 움직임을 보면 빨리 파악된다.

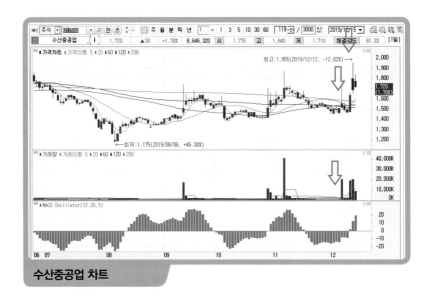

수산중공업 차트

오로라도 아기 상어와 관련해서 같이 움직여주었지만 차트를 보면 강하지 않았다.

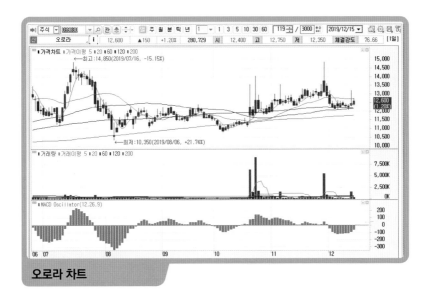

오로라 차트

오로라가 내재 가치가 없어서 아기 상어 관련에서 삼성출판사나 토박스코리아처럼 상승하지 못한 것이 아니라 세력들에게 선택받지 못했다고 보는 것이 빠른 해석이 될 수 있다. 이렇게 주식 시장에서는 세력들이 좋아하는 패턴이 되어야 한다는 것이다.

애니메이션 관련주로 손오공도 있고, 레드로버도 있고, 대원미디어도 있는데 왜 이들 주가는 그대로인가 하고 물을 수 있다. 그럼 관련성이 부족해서라고 말하는 투자자도 있겠지만, 주식 시장에서는 관련성이 없어도 세력이 마음만 먹으면 상한가를 보내버리는 경우는 허다하다. 개인들은 세력이 확고부동하게 띄우려고 하는 마음을 잘 알아야 수익을 낼 수 있다.

기업분석은 세력들이 한 것을 따라가고 자신이 분석한 부분은 뒤로 밀쳐둘 때, 가장 수익률이 높다는 것을 명심해야 한다. 지금 개인 투자자들은 과거 2000년 '묻지마 시장'에서 투자하던 개인 투자자와는 판이하다.

과거에는 개인 투자자들이 묻지마식 매매 패턴을 불나방처럼 따라갔지만, 지금은 상승 시는 지켜보다가 눌림목 매수를 기다리니 눌림목 매수가 맞지 않고, 오히려 급등 시는 추가로 오버 슈팅이 나오면서 단숨에 20%를 당기는 것은 기본이 되어버렸다.

그만큼 철저하게 개인 투자자를 따돌리는 매매 방법을 세력들이 사용하고 있다는 것이다. 하루하루가 달라지는 시장의 패션을 누가 먼저 파악하고 따라가느냐가 승부수가 된다. 오전장에도 9시부터 시작된 파동은 대부분 9시 30분이면 마무리된다. 좀 더 강하게 밀어붙이는 종목은 10시까지 파동을 만들어주고, 오전장 매매는 끝이 나고, 긴 시간 오후 장 빠르면 12시, 1시가 되어야 또 한 종목 정도 움직이는 게 지금의 장세다. 그래도 수급은 언제나 살아 있다. 수급만 잘 찾아 따라다니면 분명 승산은 있다.

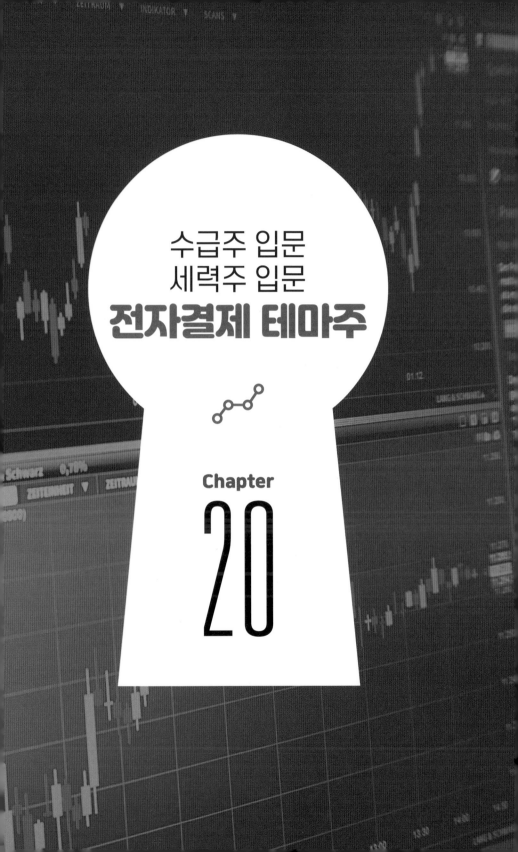

수급주 입문
세력주 입문
전자결제 테마주

Chapter
20

전자결제는 전자상거래 규모가 점점 늘어나고 보안 관련 이슈가 발생할 때마다 주목받을 수 있는 테마다. 인터넷 쇼핑을 하거나 각종 페이류 결제에도 보안 시스템이 작동하는데, 앞으로는 이런 전자결제업체의 매출은 당연히 늘어날 것으로 보고 있다.

전자결제 관련주들은 하나씩 차트도 같이 보도록 하자.

한국정보인증, 한국전자금융, 한국전자인증은 같이 움직이는 경향이 있다. 이 중에 한국전자인증은 블록체인 관련주이기도 하고 보안 관련주, 전자결제 관련주 다양하게 움직여주는데, 2019년 12월 한국전자인증은 먼저 정배열을 만들면서 추세를 타고 있다. 한국정보인증도 그 뒤를 따라오면서 힘을 넣어주려고 하는 모습을 보여주고 있다. 즉, 세력들이 조금씩 작업하고 있는 듯하게 보인다.

테마는 대장주가 가기 위해서는 후발주가 조금씩 받쳐줘야 더 강하게 치고 나갈 수 있다. 혼자서 움직이는 것보다는 같이 움직일 때 더 믿음을 준다. 그러나 반드시 대장주를 해야 하는 것은, 후발주는 대장주가 헛기침이라도 하면 바로 밀려버리기 때문에 후발주를 매매할 때는 반드시 대장주도 같이 띄워두고 보아야 한다는 것이 시장에서의 기본 상식이다.

2019년 12월 한국전자인증의 일봉 차트를 보도록 하자.

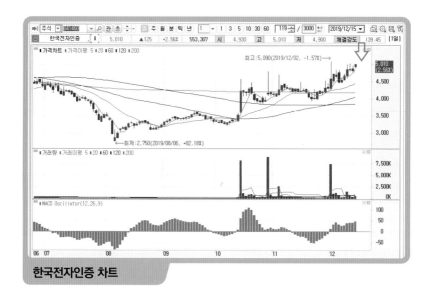

한국전자인증 차트

다음 전자결제 관련주는 KG이니시스, KG모빌리언스인데, 두 종목 역시도 앞의 그룹처럼 서로 힘을 주고 있다는 것을 2019년 12월 일봉 차트를 보면서 이해해보자. KG이니시스는 대장주 역할이고 KG모빌리언스는 후발주라는 것을 차트를 통해 볼 수 있다.

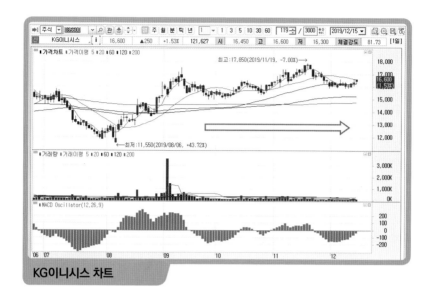

KG이니시스 차트

KG모빌리언스 차트

그 외 라온시큐어, NICE평가정보, 한컴시큐어, 이니텍, 이루온, NHN 한국사이버결제 등이 있다. 전자결제 관련주들은 언제든지 흐름을 타게 되면 너나 할 것 없이 움직임이 강하게 나올 수 있는 에너지를 가지고 있다고 보면 된다.

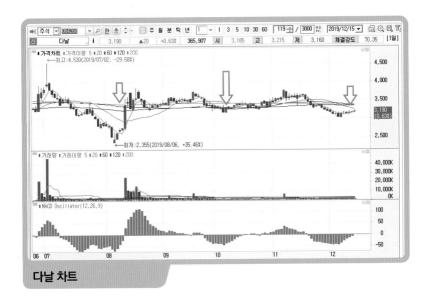

다날 차트

세력주를 이기는 방법

화장품 테마주

Chapter

21

화장품 관련주들은 중국의 영향을 많이 받는다. 아무래도 아시아권에서 가장 비슷한 피부를 지니고 있다 보니 선호도가 중국인들이 높은 것도 있고 2016년 사드 때 직격탄을 맞았던 주식 시장의 경험이 중국의 분위기를 따라서 화장품 관련주들이 들썩거린다.

　2019년 12월 중국 왕이 외교부장이 방한 소식에 한한령이 완화될 거라는 기대감들이 화장품 관련주들을 강세로 만들었다. 테마주들은 항상 대장주를 선호하게 되는데, 화장품 관련주들은 돌아가면서 대장을 바꾼다. 화장품 관련주들은 테마의 흐름이 잘 나온다고 보면 된다.

　코리아나가 대장이 되는 경우도 있었고, 리더스코스메틱이 강할 때도 있었고, 한국화장품제조가 대장을 할 때도 있었다. 그러나 2019년 12월 화장품 관련주들이 테마가 되었는데 대장주는 한국화장품이 되었다.

그럼 대장주는 주식 시장에서 어떻게 선별하느냐인데 테마의 대장주는 가장 상승률이 높은 종목이 대장이 되는 것이다. 결국에는 상한가를 간 종목이 대장이 된다는 것이다. 한국화장품 2019년 12월 일봉 차트를 보면 대장인지 알 수 있다.

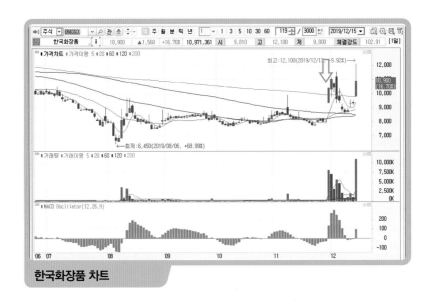

한국화장품 차트

한국화장품은 화살표 부분이 상한가를 갔으나 한국화장품제조는 상한가를 가지 못했다.

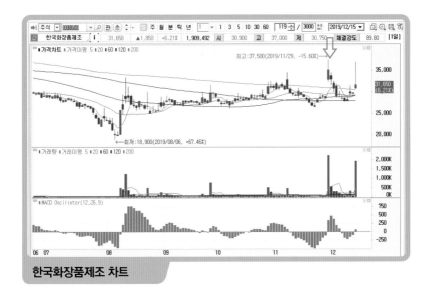

한국화장품제조 차트

한국화장품제조도 29% 상승했으나 상한가를 가지 못했기 때문에 대장에서 탈락된 것이다. 토니모리도 24% 급등했으나 200일선도 뚫지 못했기에 탈락된 것이다. 토니모리 차트를 보자.

토니모리 차트

그 외 화장품 관련주들은 에이블씨앤씨, 잇츠한불, 클리오, 대봉엘에스, 컬러레이인데 이 중에서 컬러레이 같은 경우는 중국 관련주들이 움직일 때 가장 잽싸게 움직이고 있다.

화장품 관련주들은 2020년에도 추세를 타면서 하나의 그룹이 강하게 만들어져 있으므로 쉽게 죽지 않을 모습이다. 대장주가 상승 폭이 커서 힘들 때는 다시 대장이 바뀌는 현상도 기대해볼 수 있다. 화장품 관련주들은 대체로 시장이 조정을 받거나 할 때 잘 움직이므로 2020년부터는 주식 시장을 기대해볼 만큼 종목들의 싸움이 진행될 것으로 보이므로, 한번 만들어진 테마는 쉽게 죽지 않는다는 것을 알고 흐름을 예의 주시하면서 보아야 한다.

컬러레이는 호가의 움직임이 보일 때보다는 숨죽이고 있을 때 흐름을 관찰하고 대응하는 방법도 나쁘지 않을 것 같다. 컬러레이의 2019년 12월 일봉 차트를 보면 약간 묘한 부분이 느껴진다.

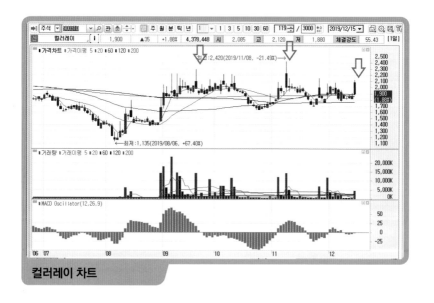

컬러레이 차트

세력에서 자유로워지기
지진 테마주

Chapter

22

지진 관련주는 세계의 어느 지역에서 지진이 발생했을 때나 우리나라에서 지진이 발생했을 때 이슈화되어 테마가 되는데, 그 피해 규모가 클수록 테마의 파이도 커진다. 지진 테마가 가장 크게 움직인 것은 2014년 일본에서 후쿠시마 지진이 일어났을 때다. 이때는 테마의 확산이 쓰나미처럼 크게 움직였다.

처음에는 내진설계 관련 종목들이 움직이다가 물테마로 연결되고 나중에는 보조식품 스피루니나 한 알만 먹으면 방사능을 거뜬히 이겨낼 수 있다는 황당한 테마로 상한가를 연달아 치는 기묘한 현상이 나왔었다.

지금은 단발성으로 그치지만 우리나라도 지진에서 벗어날 수 없는 지역이므로 포항의 지진 이후 또다시 발생할 수 있는 상황이 올 수 있다. 그러므로 어떤 종목이 있는지 정도는 알고 있어야 테마주를 한다고 말할 수 있을 것 같다. 어떤 종목이 있는지 항상 기억하고 이슈가 발생했을 때는 치고 들어가는 전략도 괜찮을 듯하다.

지진은 여진이 있기에 그 후유증이 크게 되면 종목의 연속성이 나올 수도 있다. 보통 그럴 때는 생각지도 않게 강하게 움직이므로 발 빠른 매매전략을 반드시 연습해두어야 한다.

교량 받침과 강구조재를 취급하는 제조업체인 삼영엠텍, 코리아에스이, 지진과 관련된 건축재를 건설사 납품하는 대창스틸, 내진설계 관련한 포메탈, 그밖에 동아지질 등이다.

이런 테마주는 실적을 찾기보다는 기대심리로 잘 움직이는 것을 단타로 치고 빠지는 전략이지, 장기 보유를 하고 지진이 일어나기를 기다리는 전략은 바람직하지 않다. 지진 테마주는 타이밍이 무엇보다 중요하다. 이미 오른 상태보다는 푹 빠져 있을 때 한 번쯤 지진이 일어날 것 같은 나름의 자신의 촉을 발동시켜 하락이 깊었을 때 사두고 지켜보는 정도도 나쁘지 않을 것 같다. 왜냐면 자연현상은 늘 우리 곁에서 위험을 도사리고 있기 때문이다.

똑같은 종목인 대창 스틸은 대북주가 움직일 때는 무엇보다 빠르고 가볍게 움직여주는데, 지진 관련주일 때는 삼영엠텍이 더 쉽게 움직인다. 이것은 시장에서의 인식이라고 보면 된다. 시장은 한번 입력이 되면 쉽게 바뀌지 않는 경향이 있다.

특히 이런 부분은 대선주에서 많이 일어난다. 써니전자의 경우, 현재로서는 안철수와 아무런 연관이 없는데도 불구하고 안철수와 관련된 부분들이 나오면 제일 먼저 움직임을 보여준다.

가령 20대 대선에서도 나올지 어떨지 미지수이지만, 미국에서 온다는 뉴스만 나와도 써니전자가 먼저 상승하는 모습이 시장에서 한 번 꽂힌 칩은 그 칩이 닳아도 그대로 인식된다는 것이 아이러니하다.

우리들제약, 우리들휴브레인도 늘 문재인 대통령을 졸졸 따라다니는 것을 보면 시장은 어떨 때는 이렇게 단순하다고 생각했다가도, 그 단순히 도를 넘어 개인 투자자들의 뒤통수를 내리치는 경우도 허다하니 그 기준을 잡기가 참 어렵다.

지진 관련주가 움직이면 늘 따라 오는 삼영엠텍의 월봉 차트를 보면 그 사이클을 탈 수가 있을 것 같다.

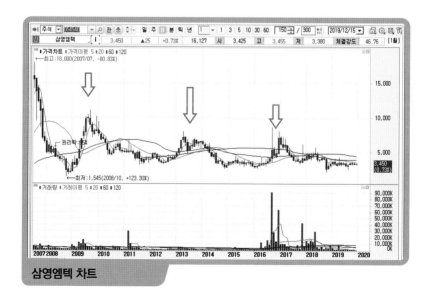

삼영엠텍 차트

세력주에 숟가락 꽂기
신규주 테마주

Chapter

23

보통 신규주들은 그 기준을 잡기가 힘들다. 아무리 차트를 무시한다고 해도 그 기준을 어렴풋이라도 잡는 것이 기술적 흐름인 차트인데, 신규주들은 지나온 과거가 짧으니 방향성을 찾기가 힘들다.

그런데 2019년 들어서면서 신규주들의 발 빠른 움직임이 과거 신규주들과 차이를 보여주고 있다. 보통 신규주들은 한두 번의 상한가 흐름으로 마무리하고 긴 시간을 횡보하는데, 2019년 11월과 12월에 상장된 신규주들은 강한 수급을 보여주었다. 아마도 오래된 종목은 한번 띄우기 위해서는 앞에 있는 매물대를 소화해내기가 힘이 들지만, 신규주들은 매물벽이 약해서 마음먹기에 따라 고공 행진이 가능하기 때문이다. 수급이 강한 신규주들을 하나씩 보도록 하자. 먼저 코리아에셋투자증권이다.

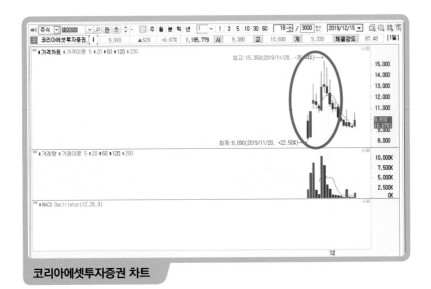

코리아에셋투자증권 차트

동그라미 쳐진 부분에서 수급을 읽을 수 있다. 지금은 바닥을 다지는 모습이기는 하나, 동그라미 쳐진 부분에서 수급은 늘 강하게 나올 수 있는 에너지가 있었기 때문에 관찰 대상이다. 나는 이 책에서 개인 투자자들이 놓친 수급 부분만 얘기해주려고 한다.

한번 진행된 수급은 쉽게 변하지 않는 습성이 있다. 사람이 가지고 있는 성격이나 습성이 쉽게 바뀌지 않는 것처럼 주식도 한번 가진 '끼'는 쉽게 버리지 않는다는 것이다. 언제든지 주식 시장에서 호시탐탐 갈 자리를 찾고 있는 것이 끼 있는 종목이라는 것을 알고 있으면 주식이 이보다 쉬울 수 없다.

두 번째는 티움바이오다. 이 종목도 움직임을 관찰해보았다면 상당히 강하다는 것을 알 수 있다.

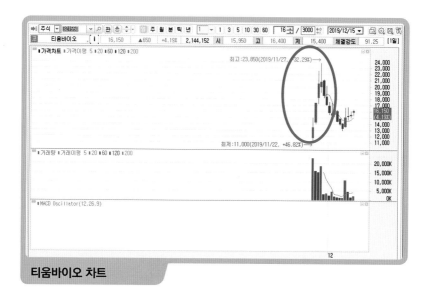

티움바이오 차트

2020년은 크게 바이오와 대선주로 움직임이 나올 듯한데 바이오주들은 모두가 관심 대상이 될 수 있다. 그동안 바이오 종목들의 상승의 포커스가 표적 항암, 치매, 비보존, 희귀 난치 질환 치료제 개발 등이 핵심인데 그중에서 티움바이오의 희귀병 관련한 치료제 개발에 집중적 투자를 했기 때문에 더욱 바이오 중에서 관심을 받을 수 있다.

이 기업의 대표가 과거 SK케미칼에서 신약 연구 개발을 이끈 주역이었다. 그러므로 앞으로 어떻게 될지 더 주목해보아야 한다. 설립한 지 얼마 되지 않으나 미국 바이오텍사와 면역 항암제에 대한 옵션계약을 체결하고 이탈리아 글로벌 제약사와 특발성 폐 섬유증 치료제 기술 이전 계약 체결을 했다. 국내 대원제약과 자궁 내막증 치료제 국내 기술 이전 등 회사 설립 직후부터 두각을 내고 있어 주식 시장에 상장 이후 높은 평가를 받고 있다는 것이 수급의 쏠림을 보여주고 있다.

세 번째는 아이티엠반도체다.

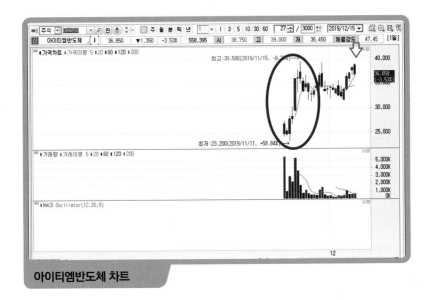

아이티엠반도체 차트

신규주들의 기술적 흐름과 다르게 움직이고 있는 아이티엠반도체의 차트 모양이다. 대부분 신규주들은 1차 파동이 나오고 처음 시작가까지 조정을 보이는데 아이티엠반도체는 조정 폭이 깊지 않다.

아이티엠반도체 역시도 무선이어폰이 향후 이어폰 시장에서 주도권을 가질 가능성이 크고 무선 이어폰에 탑재되는 2차 전지 역시 수요에 긍정적인 영향을 받을 수 있다는 평가가 나왔다. 이에 주목받는 2차 전지 관련 기업이 삼성SDI와 아이티엠반도체에 주목해야 한다는 보고서들이 나오기 시작했다. 역시 재료가 충실한 것은 수급이 저절로 붙게 된다는 것을 아이티엠반도체를 보면서 또 한 번 느끼게 된다.

아이티엠반도체는 차트가 무너져 추세가 깨지려고 하면 살리고를 반복하다가 결국에는 완전한 추세대에 올려놓은 것을 보면 세력의 의지를 엿볼 수 있다. 어찌 됐든 전 고점을 뚫고 가려고 하는 의지가 강하다는 것을 알 수가 있다.

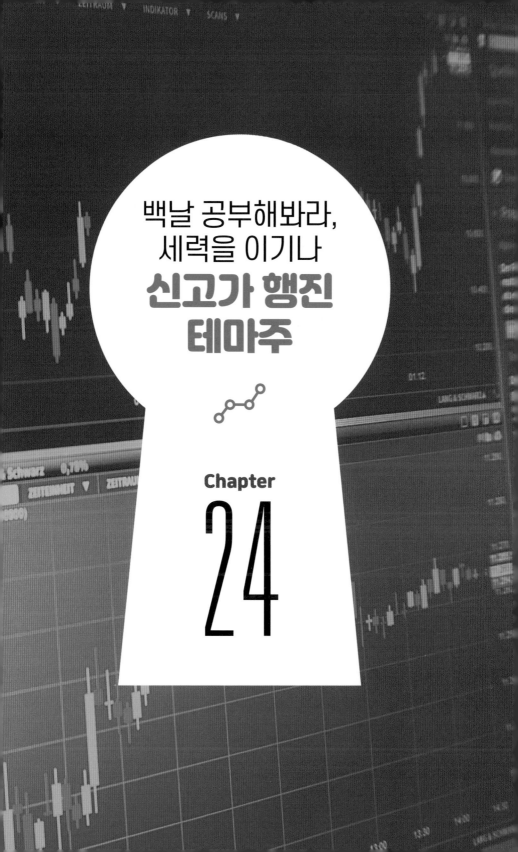

백날 공부해봐라,
세력을 이기나
신고가 행진
테마주

Chapter

24

신고가를 만드는 종목은 상당히 강한 흐름이라는 것을 알고 있어야 한다. 2019년 12월 외국인들이 선호하는 IT 관련 종목들이 신고가를 만들고 있다. 신고가는 기술적 흐름이 정배열이 되어 있으므로 5일선이 깨어지면 매수 관점이 될 수 있고 20일선까지도 한 번 정도는 매수 자리를 볼 수 있다. 그러나 60일선이 깨어지는 자리에서는 과감히 정리하는 것이 바람직하다.

　신고가를 만든 네패스 차트를 보면 쉽게 이해된다.

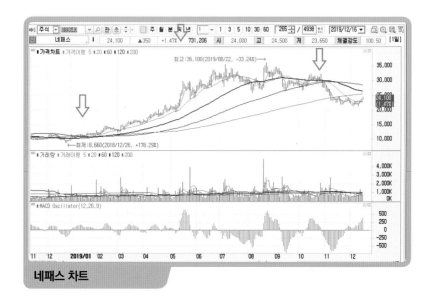

네패스 차트

　신고가를 만들고 있는 종목들은 엠씨넥스, 원익QnC, 피씨디렉트, SK폴리텍 등인데 에스엔에스텍도 신고가를 만들 준비를 하고 테스, 저가 종목인 SFA반도체도 신고가 대열에 합류하려고 하고 있다. 신고가는 정배열이 된 상태이기 때문에 5일선 매매를 하면 쉬운 매매를 하게 된다. 신고가를 만들고 있는 종목들의 차트를 보도록 하자.

　엠씨넥스 일봉 차트다.

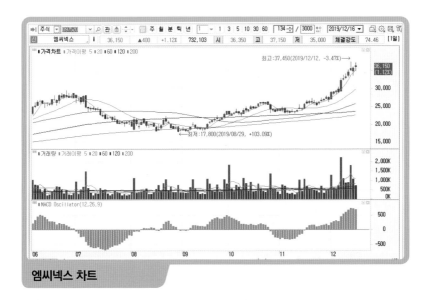

엠씨넥스 차트

피씨디렉트 일봉 차트다.

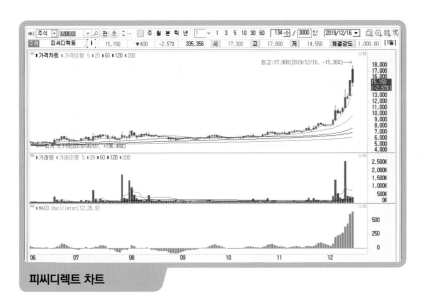

피씨디렉트 차트

에스엔에스텍 월봉 차트다.

에스엔에스텍 차트

와이엔텍 월봉 챠트다.

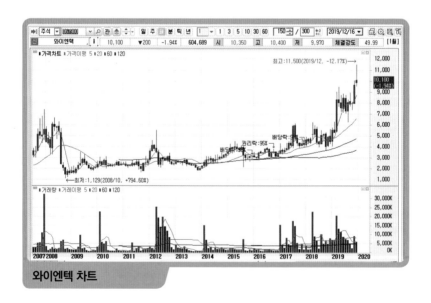

와이엔텍 차트

이난희 전문가의 돈 버는 기술 테마주를 알면 30억이 보인다

세력주의 흔적 찾기
미세먼지 테마주

Chapter

25

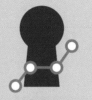

수년 전만 해도 황사 때문에 고민이었으나 이제는 중국에서 불어오는 미세먼지가 치명적인 질병을 일으키는 원인으로 등장했다. 미세먼지는 질산염, 암모늄, 황산염과 금속화합물 등으로 인해 한 번 몸속에 침투하게 되면 배출되지 않으며, 이는 결국 암으로 유발할 수 있다는 보고서들이 나오고 있다.

그러다 보니 주식 시장에서 이와 관련한 테마들이 많이 만들어졌다. 미세먼지 관련한 종목들은 환경 관련한 종목으로까지 번져나갔다. 관련 종목으로는 크린앤사이언스, 마스크 생산에 필요한 항균 및 항 바이러스 기능성 섬유를 생산하는 케이피엠테크, 공기 청정기, 제습기 건조기 개발기업인 위닉스, 위니아딤채, 위생용지 판매 기업 모나리자, 웰크론, 웅진코웨이, 오공, KC코트렐, 락앤락 등이 있다.

이 중에서 미세먼지 관련주로 시세를 가장 많이 내었던 위닉스의 차트를 한번 보도록 하자. 위닉스 일봉 차트를 보면 한 달도 되지 않은 시간에 130% 정도 상승한 것을 볼 수 있다. 이렇게 테마주는 테마가 만들어지는 그 시작점에서 잘 매수하게 되면 1억 원이 한 달 만에 금방 3억이 될 수 있다.

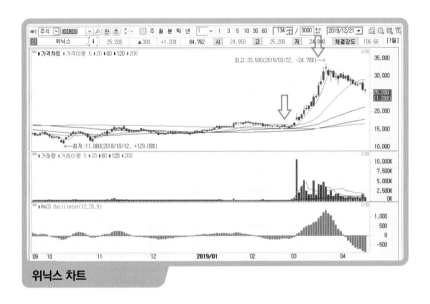

위닉스 차트

미세먼지 관련주들이 움직이면 제약주와 전기차 관련주들도 같이 움직이는 경향이 있다. 동성제약은 아동용 미세먼지와 황사용 마스크를 제조하기 때문이고 삼천당제약, 안국약품 인공눈물, 디에이치피코리아는 점안제 및 안과용제조 전문업체여서 그렇고, 보령제약은 미세먼지로 인한 기침, 가래 해소에 도움이 되는 용각산 쿨 제품을 판매하기 때문이다. 그 외 조아제약 일동제약 등이 있다.

세계 최초 실내공기 질을 관리하는 환기청정기 제품을 개발 판매하는 주방용품 기업인 하츠의 움직임도 잘 나온다.

전기차 쪽에서는 자동차부품 제조기업인 성창오토텍이 필터 저감장치 관련주로 부각되면서 미세먼지 테마로 등장했고, 에코프로도 대기오염 방지 및 사후처리를 하는 환경사업과 2차 전지사업을 하는 기업이어서 같은 움직임이 나온다. 그 외에 포스코 ICT, 휴비츠 등 다양하게 나온다.

어떤 종목이든 테마에 편승되었을 때는 단기간에 100% 상승은 쉽게 일어나고 하츠의 경우도 단기간에 대략 300% 가까운 상승이 나온 것을 일봉을 통해서 보도록 하자.

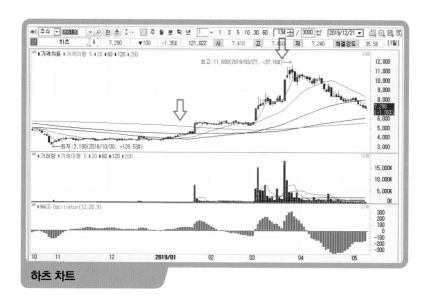

하츠 차트

세력주와
밀당 연애 하는법

2020 테마주는
어디서 대박이
나올까

Chapter

26

2020년은 주식 시장이 기대되는 한 해다. 2000년 '묻지마 시장'이 오고 난 이후 시장에서 이렇다 할 상승이 없었다.

지금 2019년 미국 시장은 연일 신고가 행진을 하는 것에 비해 우리 시장은 성적이 너무나 초라하다. 30% 상한가 제도로 인해 단기간에 수익 구조를 챙기는 단기 세력들이 난무하다 보니, 그것을 따라 하지 못하는 투자자들은 시장을 떠났다.

그러나 이제는 서서히 짐을 챙겨서 돌아와야 할 시점이라고 생각한다. 20년 넘도록 시장을 보아온 내 생각에 2020년은 주식 시장에서 누군가가 크게 한탕을 해 먹기 위해 철저한 전략을 짜고 있는 것이 보인다. 나는 크게 3가지 부류로 시장의 종목들의 상승이 이어지리라 본다. 첫째가 바이오이고, 둘째가 대선 관련주이고, 세 번째는 반도체 쪽이다.

이 세 테마는 이미 시작했다. 그중에서 가장 폭발적인 흐름이 나올 수 있는, 다시 말해서 제2의 신라젠이나 제2의 에이치엘비 같은 종목들을 말하는데 역시나 바이오 외에는 나올 때가 없음을 확신한다.

그러면 어떤 바이오 종목이 제2의 신라젠이 될 수 있는가. 신라젠이 2017년 주가가 만 원에서 15만 원까지 상승할 때 6개월이 걸렸다. 그런데 2019년 에이치엘비는 2만 원 하던 주가를 3개월 만에 213,900원까지 요란하게 끌어 올렸다.

신라젠은 6개월 만에 1,400% 나왔고, 에이치엘비는 3개월 만에 970%가 나왔는데 상한가를 만든 흐름이 차이가 있다. 신라젠은 기대 심리로 6개월간 끌고 가면서 마지막에 상한가를 만들었으나 에이치엘비는 재료와 함께 상한가를 만들고 눌림목을 주고 또 상한가를 만드는 수법으로 기록을 만들었다.

이번에는 신라젠과 같은 흐름일지 에이치엘비와 같은 흐름이 될지 아니면 시장은 똑같은 패턴은 싫어하니 또 다른 흐름이 나올지 잘 챙겨보아야 한다. 중요한 것은 바이오는 현재보다는 미래의 가치를 더 시장에서 반영하기를 좋아한다. 그 때문에 미래가치가 있는 다시 말해서, 여러 파이프라인을 가지고 있는 임상2상 또는 3상 그것이 기술 수출과 연관 지을 수 있는 기업의 파워력. 이런 부분들을 잘 선택해야 한다.

그래서 2019년 주식 시장에서는 바이오 관련주들이 특례상장과 성장특례 기준으로 새롭게 등장하고 있는데, 이런 부분을 눈여겨 보아야 한다. 특례상장, 성장특례 기준이 미래의 가치와 성장성을 보는 것이기 때문에 기업의 내재가치를 보고 투자한다면 선택할 수 없는 기준이라는 것쯤은 알고 있어야 한다.

이번에는 아무래도 '깨끗하고 신선한 신규주들을 주목해야 하지 않을까?' 하는 생각을 조심스럽게 해본다.

아래 2020년 가능성이 보이는 바이오주들의 일봉 차트를 보자. 잘 참고해서 대박이 나왔으면 하는 기대를 해본다.

압타바이오 일봉 차트다.

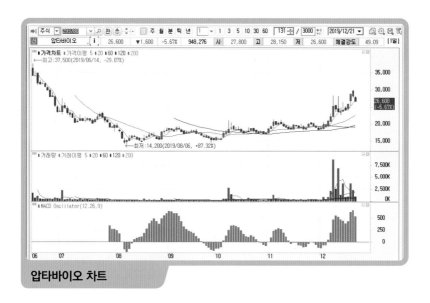

압타바이오 차트

티움바이오 일봉 차트다.

티움바이오 차트

신테카바이오 일봉 차트다.

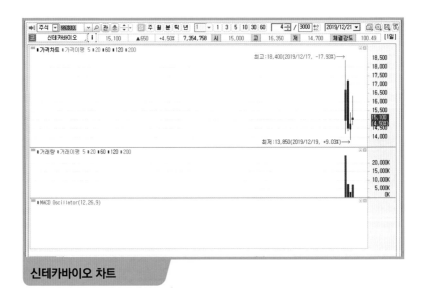

신테카바이오 차트

이난희 전문가의 돈 버는 기술 테마주를 알면 30억이 보인다

브릿지바이오 테라퓨틱스 일봉 차트다.

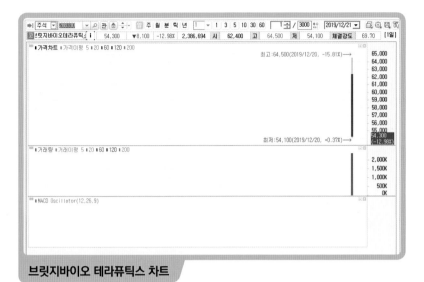

브릿지바이오 테라퓨틱스 차트

제테마 일봉 차트다.

제테마 차트

네오크레마 일봉 차트다.

네오크레마 차트

에이비엘바이오 일봉 차트다.

에이비엘바이오 차트

에스텍파마 일봉 차트다.

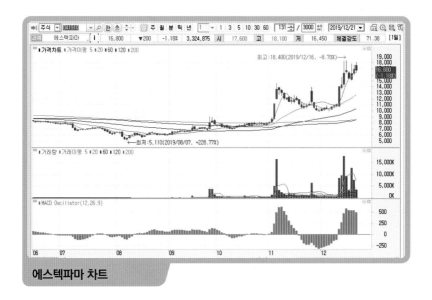

에스텍파마 차트

에이치엘비와 에이치엘비생명과학은 한 번 시세를 주었으나 에이치엘비의 경우 완전한 기술적 흐름이 완성되지 않은 모습이므로 바이오주들이 기세등등할 때 2차 파동도 기대해볼 수 있으므로 두 종목을 같이 관심 있게 보도록 한다.

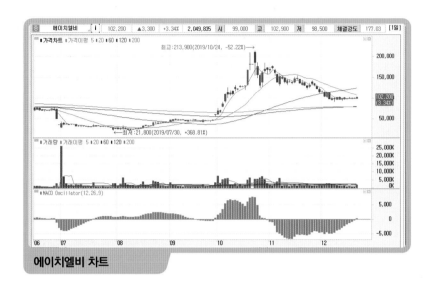

에이치엘비 차트

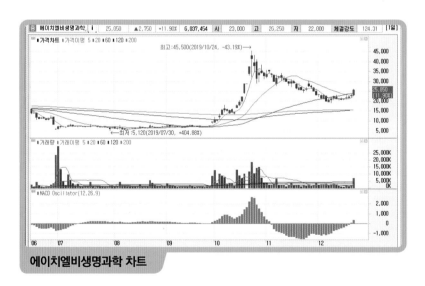

에이치엘비생명과학 차트

이난희 전문가의 돈 버는 기술 테마주를 알면 30억이 보인다

젬백스 일봉 차트다.

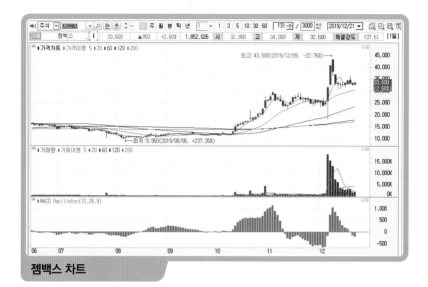

젬백스 차트

알테오젠백스 일봉 차트다.

알테오젠백스

SK바이오랜드와 SK케미칼 일봉차트도 같이 올려본다. SK바이오팜이 2020년 1월 중 주식 시장에 상장될 때 1차 파동은 나왔으나 2차 파동을 내는 기대 심리 차원이다.

SK바이오랜드 차트

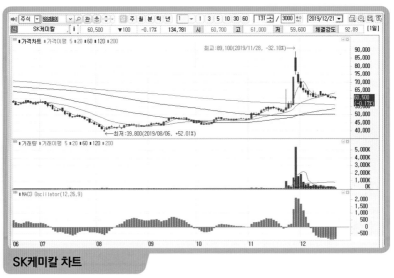

SK케미칼 차트

두 번째는 대선 관련주인데, 대선주들은 2022년까지 시간이 있기 때문에 2020년 4월 총선을 기준으로 움직여주고, 2022년까지 대선주자의 가능성이 있다면 연속성을 가질 수도 있다.

대선주들은 바이오주에 비해 주가가 저가주들이 많이 나오기 때문에 매매의 흐름과 원칙을 가지고 투자해야 한다. 그리고 짧게 파동이 마무리되기 때문에 그 기준을 상한가로 잡아주면 된다. 상한가 파동이 나온다는 것은 수익을 챙기는 전략으로 보아야 한다.

주가가 멀리 가기 위해서는 상한가를 치지 않고 5일선을 따라서 갈 때 파동의 길이가 길어진다는 것을 알고 있어야 한다. 때로는 주식 시장의 패턴을 바꾸는 경우도 허다하게 나오지만, 일단 상한가가 나오는 파동은 수익을 챙기는 전략이다. 2017년 신라젠이 주가가 만 원에서 15만 원 갈 때 마지막 15만 원 구간에서 딱 한 번 상한가 마무리를 했다. 그 이후는 주가가 흘러내리기 시작했다.
이번에도 대박주는 신라젠 같은 패턴이 나오기를 기대해본다. 저가 종목이 대선 관련주로 상한가를 친 종목의 일봉을 한번 보자.

2019년 12월 이낙연 국무총리 관련주들이 많이 움직였는데, 그 중 국영지엔엠이 인맥 관련주로 상한가 나온 형태를 보면 단기간임을 알 수 있다. 호가창을 보면 상한가 잔량을 쌓지 못한 상태에서 마무리되어 상한가의 약한 모습을 보여주었다.

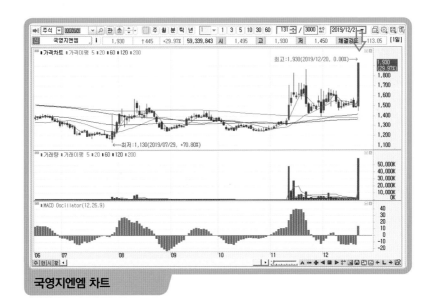

국영지엔엠 차트

국영지엔엠이 상한가 잔량을 쌓지 못한 호가창을 참고로 보도
록 하자.

국영지엔엠 호가창

국영지엔엠처럼 움직이는 저가 종목들은 간간히 흐름이 나오고 만약에 조그만 악재라도 나오게 되면 쉽게 하한가를 가버리기 때문에 항상 예의 주시해서 보아야 한다. 저렇게 상한가를 만드는 날은 화장실도 가면 안 된다. 언제 급락할지도 모르기 때문이다. 상한가 안착을 못 할 때, 급등은 급락을 불러오기 때문에 주식 시장이 마무리되는 시간까지 초긴장 상태로 보아야 하고 단기적으로 매매했다면 욕심을 조금 버리고 적당한 선에서 수익을 챙기는 전략도 좋아 보인다.

상한가를 보내고 다음 날 연속성을 바라는 개인 투자자들은 시장에서 욕심을 조금 내려놓는 것도 전략이 될 수 있다.

기존에 만들어진 대선주들은 한 번씩 해먹은 종목들이기에 새로운 것을 찾으려는 움직임은 2022년까지 지속될 것이다. 그중에서 단발성으로 나오는 저가 개별 종목보다는 시장에서 이현령비현령(耳懸鈴鼻懸鈴)이 될 수 있는 종목들이 좀더 안전할 수 있다.

예를 들면, 이낙연 국무총리 관련주로 남화토건 남화산업이 잘 움직이는데 이는 대북주로도 탈바꿈할 수 있다. 2019년 12월 추미애 법무부장관 내정 관련해서 새롭게 추미애 대선 관련주도 만들어졌는데 우리들휴브레인, 제룡전기, 코리아에셋투자증권 등이다. 이 중에서 코리아에셋투자증권 같은 경우는 여권의 일자리 관련 정책주로도 변화될 수 있는 흐름이기에 단발성 저가 종목은 단기적으로 반드시 보아야 하지만, 이런 종목들은 추세도 가능할 수 있어 보인다.

남화토건과 코리아에셋 투자증권의 일봉 차트를 살펴보자.

남화토건 차트

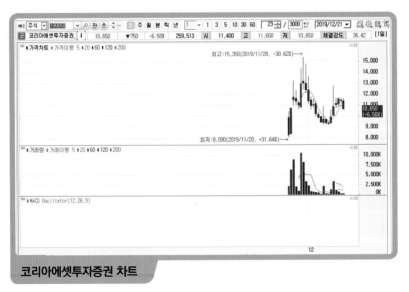

코리아에셋투자증권 차트

세 번째는 반도체 관련주다. 반도체 하면 대표적인 종목이 삼성전자다. 나는 2019년 5월 부산 벡스코에서 강연회를 할 때 '주식이 어렵다, 무엇을 사야 할지 모르겠다 하시는 분은 무조건 삼성전자를 사두라'고 얘기했다. 그때 삼성전자는 악재를 맞아서 아무도 추천하지 않았고, 폭락해서 4만 원 하던 주식이 2019년 12월 5만 6,000원까지 와 있다.

삼성전자는 50배 액면분할을 했다. 지금 280만 원의 가치를 가지고 있지만, 그 종착역은 아무도 점치기 어려우나 나는 그때 5만원대의 가격을 보고 사라고 한 것은 아니었다. 앞으로 좀 더 지켜보아야 할 종목이므로 일봉의 차트를 올려보겠다.

개별 수급 종목을 얘기하면서 대형주인 삼성전자를 올리니 살짝 혼동이 올 수 있겠다. 하지만 삼성전자 같은 대형주라도 수급이 따르면 개별주 같은 목표가가 산정될 수 있다.

나는 2016년 삼성전자가 100만 원일 때, 200만 원 간다고 매수를 추천했다. 액면분할 전 일이다. 배터리 폭발 사고가 나서 주가는 곤두박질치고 있었다. 주식을 추천하니 주위에서 맹비난을 받았지만, 언제 떨어졌냐는 듯 저점을 찍고 250만 원까지 갔었다. 그때도 헤지성 홍콩계 자금이 유입되어 가능한 것이 아니었나 생각해본다.

결국, 대형주도 해 먹자고 돈이 들어가게 되면 주가는 고공 행진을 하게 된다. 이제는 주식 시장에서 저가 종목보다는 고가의 종목을 세력들이 크게 한탕해먹으려는 패턴으로 바뀌어가고 있다는 것을 알 수 있다.

주가가 10만 원대도 점상한가를 보내는 시장이기 때문에 항상 어떤 경우의 수도 열어두어야 하고 변화되는 시장에 발을 맞추면서 가야 한다.

세력이 한창 띄울 때는 주로 2만 원, 3만 원대 주가를 10만 원 이상, 20만 원대로 만드는 현상이 요즘 흐름이니 너무 저가 종목을 고집하지 않았으면 한다. 지금은 세력들도 자금이 풍부한 것을 볼 수 있는데 그동안 주식 시장에서 수익을 많이 낸 것 같다. 저가 종목은 많이 하지 않는다는 것이 그것을 입증해주고 있다.

사실 저가 종목들은 개인 투자자들이 많이 보유하고 있어서 주가를 올릴 때 약간의 어려움이 있을 듯하다. 올리면 매물이 많이 나오고 조금 수익 내고 빠져나가는 개인 투자자가 많아서 매물벽도 두꺼울 수 있고, 30% 상한가지만 주가가 1,000원짜리 30% 해봐야 주당 300원 가치이나, 주가가 2만 원짜리의 30%는 주당 6,000원이니 더 크게 벌 수 있기 때문이기도 할 것 같다.

2019년 12월 신규 상장한 종목들이 많이 나왔다. 그들 종목에서 수급이 죽지 않고 있는 것도 아마도 신규주가 개인 투자자들이 많이 보유하고 있지 않기 때문에 가능성을 더 열어둔 것은 아닌가 하는 생각을 해본다.

주식은 많이 상승하기 위해서는 첫 번째가 매집이 잘 돼야 한다. 20년간 투자와 연구를 하며 분석한 결과, 코스닥 시장은 80% 이상이 개인이 차지하고 있다. 그 때문에 개인 투자자가 많이 가진 종목은 매집이라는 것이 어려울 수 있다. 신규주들이 잘 움직이는 경향이 있고 이들 중에서 대박이 나오는 것은 아닐까 조심스럽게 점찍어보기도 한다.

삼성전자 2016년 내가 추천한 자리를 먼저 보자.

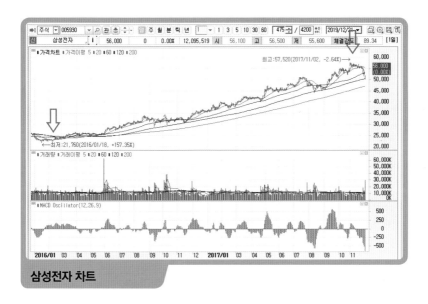

삼성전자 차트

삼성전자 2019년 5월 내가 추천한 자리를 살펴보자.

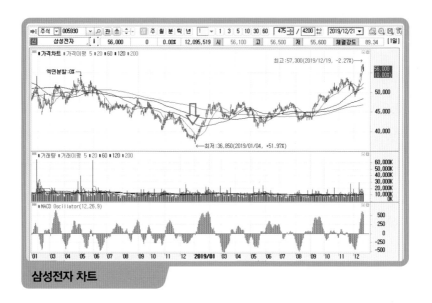

삼성전자 차트

지금까지 주식 투자를 한다면 알고 있어야 할 테마들에 대해 알아보았다.

테마는 만들어지면 한 번씩 순환하면서 돌아가고, 또 새롭게 테마가 만들어지기 때문에 뉴스와 정보에 민감하게 반응해야 한다.

새롭게 만들어진 테마도 언젠가는 또 순환하기에 관심 창에서 벗어나지 않게 하는 것도 좋은 방법이다.

투자하는 모든 사람이 테마주에 대해서 좀 더 깊이 있게 이해해 반드시 주식 시장에서 30억 목표를 이루고 대박이 나기를 빌어본다.

나는 이 책에서 불필요한 종목은 피했고, 핵심 종목만 언급했다. 내가 언급한 종목 중에서 대박이 나온다면 그보다 더한 기쁨은 없을 것이다.

본 책의 내용에 대해 의견이나 질문이 있으면
전화(02)3604-565, 이메일 dodreamedia@naver.com을 이용해주십시오.
의견을 적극 수렴하겠습니다.

이난희 전문가의 돈 버는 기술
테마주를 알면 30억이 보인다

제1판 1쇄 발행 | 2020년 3월 2일

지은이 | 이난희
펴낸이 | 한경준
펴낸곳 | 한국경제신문*i*
기획제작 | (주)두드림미디어

주소 | 서울특별시 중구 청파로 463
기획출판팀 | 02-333-3577
영업마케팅팀 | 02-3604-595, 583 FAX | 02-3604-599
E-mail | dodreamedia@naver.com
등록 | 제 2-315(1967. 5. 15)

ISBN 978-89-475-4570-9 (03320)

한국경제신문 i 주식 도서 목록

https://cafe.naver.com/dodreamedia

㈜두드림미디어 카페(https://cafe.naver.com/dodreamedia)에 가입하시면 도서 1권을 보내드립니다.